U0598852

陆游传

欧明俊 著

民主与建设出版社

·北京·

图书在版编目（CIP）数据

陆游传 / 欧明俊著 . -- 北京 : 民主与建设出版社，2024. 8. -- ISBN 978-7-5139-4653-7

Ⅰ. K825.6

中国国家版本馆 CIP 数据核字第 20242DB202 号

陆游传

LU YOU ZHUAN

著　　者	欧明俊
责任编辑	唐　睿
封面设计	言　成
出版发行	民主与建设出版社有限责任公司
电　　话	(010)59417749　59419778
社　　址	北京市海淀区西三环中路 10 号望海楼 E 座 7 层
邮　　编	100142
印　　刷	天宇万达印刷有限公司
版　　次	2024 年 8 月第 1 版
印　　次	2024 年 8 月第 1 次印刷
开　　本	880 毫米 ×1230 毫米　1/32
印　　张	7
字　　数	135 千字
书　　号	ISBN 978-7-5139-4653-7
定　　价	42.00 元

注：如有印、装质量问题，请与出版社联系。

目录 CONTENTS

第一章 簪缨世家

书香门第
声名显赫
承继“家风”

陆氏家族兴于汉唐，隐于五代，于宋复兴。陆游有自觉的家族文化传承意识，有强烈的家族荣誉感，他能取得巨大成就，除个人努力外，还来自“家风”的承继。

北宋宣和七年（1125），江山风雨飘摇之际，淮河上一位伟大的诗人——陆游诞生了。陆游虽生于外地，但系越州山阴（今浙江绍兴）人，身出名门。陆氏家族为书香门第、簪缨世家。陆姓据说出自妫姓，始祖陆通，楚国人，齐宣王的小儿子。陆游《宋会稽陆氏重修宗谱序》载："后齐宣王少子通，字季达，封于平原般县陆乡，因以为氏。"陆氏家族从始祖陆通开始，就是贵族世家一脉，赫赫有名。陆通何许人？"楚狂接舆"是也。《高士传》载："陆通，字接舆，楚人也。好养性，躬耕以为食。楚昭王时，通见楚政无常，乃佯狂不仕，故时人谓之楚狂。"①《论语·微子》说："楚狂接舆歌而过孔子曰：'凤兮！凤兮！何德之衰？往者不可谏，来者犹可追。已而，已而！今之从政者殆而！'孔子下，欲与之言。趋而辟之，不得与之言。"②可见陆通确有其人，且品

① [晋]皇甫谧原著，[清]任渭长、沙英绘，刘晓艺撰文：《高士传》卷上，上海古籍出版社2014年版，第26页。

② [宋]朱熹撰：《四书章句集注》，中华书局1983年版，第183—184页。

行高洁，不愿与世俗同流合污。陆游对这位始祖引以为豪，《广都道中呈季长》赞道："天上石渠郎，能来伴楚狂。"《遣兴》又说："素怀华渭嗟谁问？且作狂歌楚接舆。"以"楚狂接舆"自喻，既表现出自己的高洁志向，又传达出对陆通的赞美之情。

汉、唐时，陆氏家族比较显赫，代表人物有陆贾、陆续和陆贽等，皆为文武忠孝之士，《史记》《汉书》《旧唐书》等列有传记，名垂后世。[①]五代时，则有陆谊一脉，为嘉兴（今属浙江）陆贽分支，不愿背弃唐王出仕为官，遂徙居山阴。就此，陆氏一脉，与山阴山水聚合，逐渐发展成为山阴世族。在《陆氏大墓表》中，陆游从七世祖开始列叙族谱："山阴陆氏大墓，九里袁家岙，曰二评事讳忻，配李氏祔，是为某之七世祖。九评事讳郇，配范氏祔，是为某之六世祖。光禄卿、赠太子太保讳昭，配福昌县君、赠昌国夫人李氏祔，是为某之五世祖……四世祖太傅公，始别葬焦坞。"[②]评事、光禄卿、太保、太傅皆为正品官名，陆游所列七世祖、六世祖、五世祖、四世祖都有官职在身，可见山阴陆氏为名门望族。陆游《右朝

① 陆贾生平见《史记》卷九十七《郦生陆贾列传》和《汉书》卷四十三《郦陆朱刘叔孙传》；陆续生平见《后汉书》卷八十一《独行列传》；陆贽生平见《旧唐书》卷一三九《陆贽传》和《新唐书》卷一五七《陆贽传》。

② 钱仲联、马亚中主编：《陆游全集校注》第16册，浙江古籍出版社、浙江教育出版社2016年版，第184页。以下凡引原文皆据此书，注释从略。

散大夫陆公墓志铭》描述家族荣耀历史：

陆氏自汉以来，为天下名族，文武忠孝史不绝书。比唐亡，恶五代之乱，乃去不仕。然孝弟行于家，行义修于身，独有古遗法，世世守之，不以显晦易也。宋兴，历三朝数十年，秀杰之士毕出。太傅始以进士起家，楚公继之，陆氏衣冠之盛，寖复如晋、唐时，往往各以所长见于世。

从以上文字可看出，陆氏家族兴于汉唐，隐于五代，于宋复兴。在宋代，陆氏家族人才辈出，世代谨守祖宗家法，不因外界而改变。陆氏家族由汉至宋，绵延千年而不乏秀杰之士。

北宋以降，陆游高祖陆轸、曾祖陆珪、祖父陆佃、父亲陆宰，几代人都在朝为官，山阴陆氏家族声名显赫。

高祖陆轸，字齐卿，号朝隐子，真宗朝大中祥符年间进士及第，任吏部郎中、直昭文馆等职，以上柱国致仕，累赠太傅，为官清廉，忠直不阿，得到皇帝称许。陆佃《朝奉大夫陆公墓志铭》说祖父："老犹赋诗。以公余观史，以俸余买书，曰：'吾以此终身，亦以此遗子孙可矣。'"[①]陆轸嗜

① 曾枣庄、刘琳主编：《全宋文》卷二二〇九，上海辞书出版社、安徽教育出版社2006年版，第231页。

书博学，观史赋诗，开启了业儒守官、诗书传家的家风。陆轸晚归学仙修道，号朝隐子，有《修心鉴》，提出修心的内容、方法，为悟道之言，其中包含道家导引吐纳之术，可视为道书。

陆轸生二子：陆琪，陆珪。次子陆珪，字廉叔，即为陆游曾祖，仁宗朝景祐年间补国子博士，官扬州天长县（今属安徽）知事。因儿子陆佃功绩，朝廷赠太尉。他嗜书博学，好学尚义，多藏书。陆珪生四子：长子陆佖，次子陆佃，三子陆傅，四子陆倚。

陆游祖父陆佃，字农师，号陶山，徽宗朝官礼部侍郎、吏部尚书、尚书左丞，封楚国公。修《神宗实录》《哲宗实录》。陆佃是著名学者，多藏书，著有《陶山集》《埤雅》《礼记新义》《礼象》等，神宗将他与王肃、郑玄并列。他极爱王弼解《易》，以说《诗》著称于世，从王安石学经，尤精礼学。《宋史·陆佃传》载："居贫苦学，夜无灯，映月光读书。蹑屩从师，不远千里。过金陵，受经于王安石。"[①]陆佃为人正直，王安石执政时，他不一味顺从；王安石失势后，他不避讳与王安石的关系，王安石去世后，他还前往拜祭。陆佃少时家境贫寒，发愤苦读，中进士后，仍以清白勤俭教育子孙。《放翁家训》对"楚公"的节俭"家风"有详细记载：

---

① [元]脱脱等：《宋史》卷三四三《陆佃传》，中华书局1977年版，第10917页。

楚公少时尤苦贫，革带敝，以绳续绝处。秦国夫人尝作新襦，积钱累月乃能就。一日覆羹污之，至泣涕不食。太尉与边夫人方寓宦舟，见妇至，喜甚，辄置酒，银器色黑如铁，果醢数种，酒三行而已。姑嫁石氏，归宁，食有笼饼，亟起辞谢曰："昏耄，不省是谁生日也。"左右或匿笑，楚公叹曰："吾家故时数日乃啜羹，岁时或生日乃食笼饼，若曹岂知耶？"是时楚公见贵显，顾以啜羹食饼为泰，愀然叹息如此。

陆佃显贵后，仍不忘节俭，他的学识、品格对陆游影响至深。陆佃生七子，长子陆容，次子陆寘，三子陆宇，四子陆宦，五子陆宰，六子陆宗，七子陆宁。

陆游父亲陆宰排行第五。陆宰（1088—1148），字元钧，号千岩。历任朝请大夫、直秘阁、淮南路计度转运副使、京西路转运副使等。南渡后，因主张抗金，受主和派排挤，他遂居家不仕。陆宰尚节操，工诗文，通经学，喜道教。他继承父志，嗜好读书，著有《春秋后传补遗》。他藏书万余卷，筑双清堂贮之，他对当时藏书界的情况非常熟悉，是很专业的藏书家，与石公弼、诸葛行仁并称浙中三大藏书家，且为三大家之首。他于蜀中得到《苏氏易传》，并传给陆游。他的藏书、爱书和读书精神对陆游影响甚大。陆游写有大量藏书题跋，还为友人写了《吴氏书楼记》《桥南书院记》《万卷楼记》《题唐执中书楼》，表达藏书思想。陆游读书，凡遇善本，必设法亲自抄录，或请人抄录，如《寒夜读书》二首其二："韦编屡绝铁砚穿，口诵手抄那计年？"

陆宰生四子：陆淞、陆濬、陆游、陆浸，陆游是第三子。陆游母亲唐氏同样出身书香世家。她是唐介的孙女，唐之问的女儿。唐介，字子方，江陵（治今湖北荆州）人。历官殿中侍御史，耿介无畏，以直声动天下。熙宁元年（1068），拜参知政事，多次就新法问题与王安石争论，王安石强辩，而皇帝站在王安石一边，唐介因愤生病，疽发于背，次年四月去世。《宋史》卷三一六有传。唐介生四子：淑问、义问、嘉问、之问，唐之问即陆游的外祖父。唐淑问之子唐恕、唐意，皆为博学杰出之士，忠直简亢，以文章、气节著称于世。可见，唐氏家族亦是忠君爱国之士，陆游自小受双亲影响，在这样的家族氛围下长大，更是身体力行，传承家族文化。

陆游，字务观，关于其名字的来历，自南宋以来，众说纷纭。有的说陆游母亲因梦见秦观（字少游）而生陆游，遂以其字为名、其名字之。又有人说陆游因仰慕秦观而袭其名字。这些说法纯系附会，不足为凭。其实，陆游的"游"与水有关，不是旅游的"游"，取义可能来自《列子》中"务外游，不知务内观"，也有可能来自《孟子·尽心上》"故观于海者难为水，游于圣人之门者难为言”，但都是动词“观看”“游观”的意思，不可能是名词“楼观”的“观”，应读作guān，而不应读作guàn。①

在历史长河中，杰出人物是诸多因素合力成就的，陆游也不例外。陆游的家世是重要因素，陆氏家族崇尚经学、儒学，敦厚守礼，尊师重教，代代相传。陆游《园庐》说：“七世相传一束书。”《自儆》二首其二说：“经术吾家事，躬行更不疑。”他自觉以承继并“躬行”家学为己任，在诗中反复强调“六经”的重要性,《六经》说：“六经圣所传，百代尊元龟。”陆游认为读经最重要，继承家学，践行儒家仁义学说比做诗人重要，他以儒学经典指导自己的思想和行为。受家学影响，陆游亦重视子女教育，常督导子孙读书。《夜出偏门还三山》说：“到家夜已半，伫立叩蓬户。稚子犹读书，一笑慰迟暮。”当看到儿子读书时，他内心感到由衷的欣慰。陆游重视礼教和孝道,《寓叹》说：“《孝经》一生行不尽。”

陆氏家族又尊崇佛教。从高祖陆轸起，世代皆与僧人有交往。陆轸曾为福建转运使，任上写《赠真行大师》说：“语录传来久，所明机妙深。霜天七宝月，禅夕一真心。只有道

---

① 参见欧明俊《秦观陆游名字考释》,《中国典籍与文化》2007年第1期。

为证，更无尘可侵。前溪鸥出没，谁自感浮沉。”[①]陆氏家族女性亦多信佛，陆轸妻吴氏虔诚信佛，陆佃《仁寿县太君吴氏墓志铭》记述她“鸡初鸣，起诵经，至日旰乃已。盖更数十寒暑，精进如一日也”[②]。受家学熏陶，陆游亦嗜佛学，从《跋〈释氏通纪〉》《陈君墓志铭》等文可知，他年少时避兵东阳（今属浙江），就和僧人接触，《〈持老语录〉序》自述“甫数岁”，即与“持禅师”交往密切，“无旬月不见师”。他与僧人妙湛、僧琏、宗莹、慧升禅师等结为方外交，常以诗相赠。

陆游家世信奉道教，尊崇老庄。高祖陆轸撰有道书《修心鉴》，陆家世代珍藏。其祖父陆佃喜读道书，并为流传已久的《鹖冠子》作注，又从王安石学老庄，故老庄成为其家学。陆游《跋老子〈道德〉古文》自述玉笈斋藏道书二千卷，以《道德经指归》古文为首。陆游常读道家经典《老子》《庄子》，诗中多处咏及。陆游尤嗜道家养生之术。

陆氏世守农桑，陆游诗中屡屡咏及为农“家风”，《农家》说：“为农幸有家风在，百世相传更勿疑。”忠君爱国，忠义传家，更是陆氏“家风”重中之重。祖父陆佃爱民忧民，《依韵和查应辰朝散雪》二首其一说：“无地得施调国手，

① 钱仲联、马亚中主编：《陆游全集校注》第17册，第191页。

② 曾枣庄、刘琳主编：《全宋文》卷二二一〇，上海辞书出版社、安徽教育出版社2006年版，第251页。

惟天知有爱民心。”[①]表达自己对百姓的关心，对陆游影响很大。陆游有自觉的家族文化传承意识，有强烈的家族荣誉感，他能取得巨大成就，除个人努力外，还来自“家风”的承继。

---

① [宋]陆佃:《陶山集》卷二,《文渊阁四库全书》本。

第一章 生逢乱世

国力贫弱

百姓困苦

内外交困

狂风暴雨伴随着陆游降生，似乎预示着北宋的江山也处于风雨飘摇之中。陆宰听从友人的建议，率全家老小逃难至东阳投奔陈彦声，在东阳山中避难。

北宋时，北面边界地带就已经岌岌可危，党项族建立的西夏政权、契丹部族建立的辽政权与女真族建立的金政权，雄踞北方。北宋前期，辽国日渐强大，南下侵略宋朝几十余年。真宗景德二年（1005），宋、辽两国签订“澶渊之盟”，北宋求和赔款。同时，女真族部落也在辽国长期控制下的夹缝中求生存。北宋后期，女真族逐渐强大起来，完颜阿骨打成为首领。北宋政和五年即金收国元年（1115），阿骨打称帝，建立政权——金，是为金太祖。金政权崛起而辽政权衰落，于是，宋、金两国趁着辽国衰落，联手攻辽。

宣和七年（1125），金灭辽，成为北方势力最强大的政权。随即，金国看出宋政权虚有其表，遂将目标转向北宋，开始策划分兵两路、直逼北宋都城东京（今河南开封）的军事行动。五月初，完颜阿骨打在蔚州（治今河北蔚县）柳甸举行大型阅兵式。五月十八日，女真部落即完成了在平州（治今河北卢龙）、云中（治今山西大同）等府路的屯兵部署；接着又在蔚州、飞狐（今河北涞源）等地屯兵，聚集粮草。当时的北宋，表面上歌舞升平，一派繁华景象。实际上，是以徽宗赵佶为首的统治者贪图享受、腐败无能，一味地以妥协纳贡来换取的暂时安宁。国力日积贫弱，百姓不堪重负，统治集团内部也矛盾重重，北宋政权陷入内外交困的境地，灾难即将降临。陆游的父亲陆宰正是在这种情形下奉命去东京述职的。

此年十月十七日，陆宰官淮南路计度转运副使，正偕家眷北赴都城东京，官船行至淮河航段，陆游便出生了。庆元元年（1195），陆游在山阴时回忆自己的出生情景，《十月十七日予生日也孤村风雨萧然，偶得二绝句。予生于淮上，是日平旦大风雨骇人及予堕地，雨乃止》二首其一说：

少傅奉诏朝京师，舣船生我淮之湄。
宣和七年冬十月，犹是中原无事时。

在诗中，陆游描述了降生时的场景。“少傅”即指陆宰，时年三十八岁，已有二子：陆淞和陆濬。陆游后来在诗中多次提到自己的生日，《赠童道人，盖与予同甲子》：“吾侪之生乙巳年。”《书南堂壁》自注：“予生于宣和乙巳岁。”乙巳，即宣和七年。《十月十七日……雨乃止》二首其二又回忆道：

我生急雨暗淮天，出没蛟鼍浪入船。
白首功名无尺寸，茅檐还听雨声眠。

狂风暴雨伴随着诗人降生，似乎预示着北宋的江山也处于风雨飘摇之中。陆宰进京后，调任京西路转运副使，主要负责供应泽州（治今山西晋城）、潞州（治今山西长治）一带的粮饷。这时，北方战事紧迫，已不太平。陆宰把夫人唐氏和尚在襁褓中的陆游等家眷，安顿在荥阳（今属河南），自己独自轻装赶赴新任。

宣和七年十一月，金人分东、西两路向北宋扑来。十一月二十八日，蓟州（治今天津蓟州区）失守。十二月初，宋郭药师降，燕山府（治今北京）沦陷。十二月十八日，北方重镇太原被金兵重重包围。面对如此危急形势，陆宰仍然尽心尽力奔赴于泽州、潞州两地，调遣军粮，补给太原战场。十二月二十三日晚，面对突如其来的虎狼之师，徽宗赵佶却惊慌失措，没有皇帝的担当与沉稳，匆匆颁布诏书，将帝位传给太子赵桓，是为宋钦宗，第二年便改元靖康。战争并未因钦宗上位而结束，金兵一路南下。

靖康元年（1126）正月二日，金兵攻占浚州（治今河南浚县）、汤阴（今属河南）。由是，金兵渡过黄河，占领滑州（治今河南滑县）。正月初四，徽宗仓皇南遁。正月初七，金兵长驱直入，直抵东京，兵围城下。刚即位不久的钦宗本也有逃跑想法，但碍于主战派一再呼吁，于是留在东京抗金。他任命主战的尚书右丞李纲为亲征行营使，保卫东京。因为李纲有勇有谋，抵挡住了金兵的多次进攻。不久，全国各地将士前来联手救驾。金国有所顾虑，于是提出停战。钦宗赵桓一听，不管不顾，连忙派遣使臣前去求和，开启了宋朝不断求和的屈辱历史。金国不仅提出割地赔款的条件，还要求宋朝以子侄辈侍奉金国，并以肃王赵枢、少宰张邦昌为人质，护送金兵过黄河。这些要求，宋钦宗一口应下，只求停战。至二月十日，金人抢掠满足后，始退兵渡黄河北去。

靖康元年四月，太上皇徽宗回京师。在宋与金“修好”的过程中，最想要妥协求和的是太宰李邦彦和少宰张邦昌二人，围绕在二人身边的主和派远远超过主战派。随后，主战派的爱国将士李纲、种师道、吴革等皆受到贬谪、革职等处分。兵马未动，粮草先行，陆宰的职位虽然不高，但很重要，作为主战派，他愈发尽心尽力，和李纲等一起守卫太原。但同样在四月，陆宰却因莫须有的罪名被罢官。《宋会要辑稿·职官》六九载：“八日，直秘阁、京西路转运副使陆宰落职，送吏部……以臣僚言，河阳、郑州当兵马之冲，宰为漕臣，未尝过而问。”[①]陆宰以玩忽职守之罪被徐秉哲弹劾而落职。九月，东京保卫战的头号功臣李纲也被贬出京城。主和派迎来掌权的机会，以为换得了长久的和平。

靖康元年秋，陆宰落职后，准备带领全家南归故里，他从荥阳接回家眷团聚，然后离开京城，暂时回到原先寓居的寿春（今安徽寿县）。他一边处理家事、酬别亲朋，一边打点行装。淳熙元年（1174）七月，陆游时在蜀州（治今四川崇州），作《太平花》回忆当时情形：

---

① 刘琳、刁忠民、舒大刚等校点：《宋会要辑稿》，上海古籍出版社2014年版，第4909页。

> 扶床踉蹡出京华，头白车书未一家。
> 宵旰至今劳圣主，泪痕空对太平花。

“扶床”“踉蹡”皆是指儿童时期。当时，金兵卷土重来，再度南侵，长驱直入，北宋局势一片混乱。闰十一月，东京沦陷。第二年，钦宗向金人投降，金人掳徽、钦二帝北去，中原沦陷，北宋宣告灭亡，史称“靖康之难”。这场灾难，历来常出现于有识之士的诗、词、文、赋中。

中原陷落，陆宰一家亦陷于逃难的队伍中。陆游后来有《三山杜门作歌》写道：

> 我生学步逢丧乱，家在中原厌奔窜。
> 淮边夜闻贼马嘶，跳去不待鸡号旦。
> 人怀一饼草间伏，往往经旬不炊爨。
> 呜呼，乱定百口俱得全，孰为此者宁非天！

兵荒马乱，仓皇奔走，夜里听见金兵战马嘶叫，立即惊慌地连夜逃跑，为避敌兵，往往整日躲在草丛中，靠一点儿干粮充饥，哪里还敢生火做饭呢？惨痛的逃难生活，在陆游幼小的心灵上打下了深深的烙印，以至于诗人到了七十四岁的晚年，还写下这首诗，真切地描述了这段“儿时万死避胡兵”的生活经历。《诸暨县主簿厅记》也有类似记载：

建炎、绍兴间，予为童子，遭中原丧乱，渡河沿汴，涉淮绝江，间关兵间以归。

渡淮水，过运河，历尽千辛万苦，陆宰一家终于在靖康二年（1127）初，辗转回到山阴故里。这年，陆游三岁。故乡的山水治愈着父亲陆宰，也治愈着陆游。然而，平静仅是短暂的，战争的硝烟不久后又再次袭来。

靖康二年五月，宋钦宗之弟康王赵构在南京应天府（治今河南商丘）即位，是为高宗，改元建炎，北宋王朝彻底宣告灭亡，南宋王朝建立。此时，金人得寸进尺，觊觎黄河以南地区，并再次挥师南下。这次，高宗赵构起初虽然起用著名抗金将领李纲，以岳飞为将，宗泽为东京留守，准备与金国一战，但又向金人求和。他罢免了主战的李纲，提拔主和的黄潜善、汪伯彦为左右相。留守东京的老将宗泽先后二十多次上疏，要求南宋还都东京，稳固民心，以收复失地，但都被高宗拒绝。不久，宗泽忧愤而死。

建炎三年（1129），金军渡过长江，高宗吓得一路逃窜。二月，高宗逃往临安（今浙江杭州）。五月，高宗逃至建康。十月，又逃至临安。十二月，金人占领临安，高宗早已逃往越州（治今浙江绍兴）。之后，金兵犯越州。高宗又仓皇而至明州（治今浙江宁波），直至率百官由定海（今属浙江）入海逃亡至温州（今属浙江）。

建炎四年（1130）二、三月间，金人撤兵北返，高宗才开始慢慢回到越州，主持局面。次年正月，他又改元绍兴。同年十月二十六日，下诏升越州为绍兴府。绍兴二年（1132）正月中旬，高宗回到临安。

建炎四年，各地百姓纷纷自发奋起抗金，聚集了一些民间武装力量。在东阳（今属浙江），就活跃着这样一支义军，其首领陈彦声，名宗誉，东阳瑞山乡人，以躬耕致富，在当地颇有声名。陆宰听从友人的建议，率全家老小再度逃难至东阳投奔陈彦声。避兵在东阳山中的这段时间，陆游作《陈君墓志铭》回忆道：

> 建炎四年，先君会稽公奉祠洞霄。属中原大乱，兵祲南及吴、楚，谋避之远游……奉楚国太夫人间关适东阳。彦声越百里来迎，旗帜精明，士伍不哗。既至，屋庐器用，无一不具者，家人如归焉。居三年乃归。彦声复出境饯别，泣下沾襟。

由墓志铭可知，陈宗誉所组织的乡兵是一支素质比较好的地方武装，在乱世中保境安民。陆宰一家，则受到陈宗誉的热情欢迎和周到安置。

就这样，陆游从一个六岁的孩童成长到九岁，开始习字读书。直到绍兴二、三年间，时局逐渐稳定下来，陆宰全家才离开东阳回到山阴闲居，陆宰也再未出仕。

第二章 读书与学诗

家学教育
学堂教育
潜心读书

从童年开始，陆游以读经为重，且以“经不明”为患，同时也在学诗。年龄稍长，他又博涉文史。十八岁的陆游，终于有幸见到了他仰慕已久的曾几，并拜他为师，学习作诗。

陆游最先接受的是家学教育。陆氏家族为书香世家，陆游的祖父陆佃、父亲陆宰都是当时著名的学者，通晓经学，雅好文学，藏书万卷。这样的家庭环境给陆游创造了一个良好的读书条件。父亲陆宰对他的影响颇大，陆宰喜爱读书，很是用功，他以“奉祠洞霄”得到朝廷半俸的待遇，衣食无虞，在家一心著书治学，教育子女。陆游受到潜移默化的影响，也喜爱读书。《解嘲》说：“我生学语即耽书，万卷纵横眼欲枯。”避兵在东阳山中时，他就开始诵读诗书。《读书》诗回忆道：“先亲爱我读书声，追慕慈颜涕每倾。”可见陆游少时即受到父亲亲自教导，用心读书。

父亲以身作则，成为陆游的榜样。南归故里后，愤于秦桧等当权派的卖国投降行径，陆宰遂决意隐退，但仍常与一些南渡而来的爱国志士往来，每每论及时政，则慷慨激昂，痛心疾首。陆游后来多次回忆这些情景，如开禧丁卯年（1207）正月，作《跋〈周侍郎奏稿〉》：

某生于宣和末，未能言，而先少师以畿右转输饷军，留泽潞，家寓荥阳。及先君坐御史徐秉哲论罢，南来寿春，复自淮徂江，间关兵间，归山阴旧庐，则某少长矣。一时贤公卿与先君游者，每言及高庙盗环之寇、乾陵斧柏之忧，未尝不相与流涕哀恸。虽设食，率不下咽引去。先君归，亦不复食也。

周侍郎，即周聿，青州（今属山东）人，累官显谟阁待制、户部侍郎等，也是一位爱国的有识之士。在《奏稿》中，陆游回忆了父亲对他的影响。前辈们忠义之情、豪壮之气深深地感染了陆游，使他牢牢地树立了读书济世、抗金复国的坚定信念。

陆游幼年的启蒙教学，起步于慈爱的双亲，接着便是受到学堂教育的影响。陆游早慧，七岁即能作“穷达得非吾有命，吉凶谁谓汝前知”的对子[①]。他在八九岁时，回到故乡山阴，正式进入学堂学习。到了十多岁，入学云门山附近的乡校。庆元六年（1200）夏，陆游晚年回忆自己的读书生涯，作《斋中杂兴十首以“丈夫贵壮健，惨戚非朱颜”为韵》，其一言：

成童入乡校，诸老席函丈。
堂堂韩有功，英概今可想。
从父有彦远，早以直自养。
始终临川学，力守非有党。

---

① [宋]叶寘撰，孔凡礼点校：《爱日斋丛抄》卷二，中华书局2010年版，第50页。

纷纷名伦师，有泚在其颡。

二公生气存，千载可畏仰。

此诗说到两位乡校老师：韩有功和陆彦远。韩复禹，字有功，会稽乡贤。陆彦远是陆游的族伯父，以直自养，力守王安石（临川）之学。有两位学识渊博、“英概”难挡的老师指导，陆游学业愈加精进。直至晚年，他对两位老师仍印象深刻。

青少年时期的陆游，读书生活与云门山有不解之缘。云门山，在今绍兴城东南三十二公里处，风景幽奇，环境清雅。自东晋书法家王献之在此构屋寓居后，历来为浙东胜地。云门寺西边的陶山，祖父陆佃在此建草堂隐居，并以《陶山集》名其诗文集。父亲陆宰因此选址云门隐居，《云门小隐》写道：“冉冉溪流十里长，上方钟鼓度榕篁。烟霞已属维摩诘，岩壑徒夸顾长康。舟逐泉飞苔渍井，笔随人化草迷仓。昙花经叶金园寂，一炷檀熏夜未央。”飞泉、清溪，竹幽、霞绕，的确是个读书的好去处。

约十三岁起，陆游就常往来云门山中，与胡尚书之子胡杞为同学。十五六岁以后，主要居住在云门山中，潜心读书。十七岁时，在云门山家塾，从鲍季和读书，同学有许伯虎（字子威）等。嘉泰元年（1201）春，晚年陆游作《绍兴辛酉，予年十七矣，距今已六十年，追感旧事作绝句》说：

常忆初年十七时，朝朝乌帽出从师。

忽逢寒食停供课，正写砚书作赝碑。

诗中自注：“与许子威辈同从鲍季和先生，晨兴必具帽带而出。”回忆自己十七岁时的读书生活。《跋〈洪庆善帖〉》说：“某儿童时，以先少师之命，获给扫洒丹阳先生之门。退与子威讲学，则兄弟如也。”陆游入蜀经过常州时，许伯虎已官司户右从政郎，与陆游再次相会，陆游《入蜀记》载有这次会晤，称许伯虎为“余儿时笔砚之旧也”，同学之情甚笃。

云门的读书草堂，也成为陆游日后再三提及的素材。如《感兴》写道：“少小遇丧乱，妄意忧元元。忍饥卧空山，著书十万言。贼亮负函贷，江北烟尘昏。”“空山”，即云门山。《云门寿圣院记》载：“忆为儿时往来山中，今三十年。屋益古，竹树益苍老，而物色益幽奇。”此记作于高宗绍兴二十七年（1157），陆游时年三十三岁。《山中作》写道：“故巢光景还如此，为底淹留白发生。”自注：“余书堂在云门寺西。”后来，陆游在云门山有云门精舍，又称云门草堂、云门庵居。《云门感旧》写道：“总角来游老未忘，背人岁月去堂堂。”回忆少时生活，感慨岁月流逝。

陆游读书的另一去处是父亲所建的小隐山园，在今绍兴城西南五里处。《嘉泰会稽志》卷七记载：“小隐山园，在城西南鉴湖中，四面皆水。《名胜志》：‘地名候山。’皇祐中，太守杨紘始往游而惬焉。其主王氏以图来，悉与之名，山曰小隐山……陆少师宰尝得之，以为别墅。作赋归堂、六友堂、遐观堂、秀发轩、放龟台、蜡屐亭、明秀亭、拄颊亭、抚松亭，有卢赞元襄、周秀实芑题诗，最传于世。”[①]陆家几代人努力积累，藏书越来越丰富。陆宰在小隐山园隐居读书，陆游随父到此，勤学苦读，寒暑不辍。《老病追感壮岁读书之乐作短歌》说：“少年志力强，文史富三冬。但喜寒夜永，那知睡味浓。”在寒夜读书，诵读至深夜，甚或通宵达旦，十分勤奋刻苦。晚年回忆往事，陆游记忆深刻，最难忘怀的还是读书。《秋夜读书每以二鼓尽为节》说：“白发无情侵老境，青灯有味似儿时。”少壮时的读书生活成了陆游晚年最美好的回忆。《夜坐油尽戏作》二首其一说：“夜漏虽深书未竟，半缸谁与续残膏？”别人早已酣睡，他仍在苦读。《上元夜作》说：“今年上元灯满城，十里东风度丝竹。蓬窗湿薪不御寒，独取残书伴儿读。”连节日里，别人交际应酬、消遣娱乐，陆游仍在读书。

陆游喜爱读书，经、史、子、集，无所不读。《读苏叔党〈汝州北山杂诗〉次其韵》十首其十说：“吾幼从父师，所患经不明。何尝效侯喜，欲取能诗声。亦岂刘随州，五字矜长城。”可见从童年开始，陆游以读经为重，且以“经不明”为患，同时也在学诗。年龄稍长，他又博涉文史。读陶渊明诗，乐而忘食，还十分欣赏唐代边塞诗人岑参诗歌的豪迈风格，对

---

① [明]萧良幹修，[明]张元忭、孙鑛纂，李能成点校：《万历〈绍兴府志〉点校本》，宁波出版社2012年版，第216—217页。

唐代大诗人王维（字摩诘）的诗歌也很赞赏。此外，他也广泛学习屈原、李白、杜甫等诗人的作品。然而，陆游真正走上学诗道路，是在遇到“江西诗派”诗人曾几之后。

绍兴十二年（1142），曾几从江西来浙江看望时任显谟阁学士的兄长曾楙。十八岁的陆游，终于有幸见到了他仰慕已久的曾几，并拜他为师，学习作诗，其时曾几五十九岁。曾几，字吉甫，号茶山居士，祖籍赣州（今属江西），后徙居洛阳（今属河南）。高宗时任江西、浙西提刑，因与其兄曾开共同反对秦桧和议而被免职。秦桧死后，曾几复出，官至礼部侍郎、敷文阁待制，卒谥文清。他为官清廉，正直爱国，力主抗战，是当时朝中主战派人物。文学方面，曾几是南渡以后诗坛的领袖，也是“江西诗派”后期的代表人物之一。对于二人首次会面时的情景，陆游《感知录》写道：

> 文清曾公几，字吉甫，绍兴中自临川来，省其兄学士班，予以书见之。后因见予诗大叹赏，以为不减吕居仁。予以诗得名，自公始也。

师从曾几，是陆游正式迈向南宋诗坛的第一步。曾几奖掖提携陆游，称赏其诗能与“江西诗派”的吕本中诗比肩。由此，陆游得以扬名。

绍兴二十五年（1155）十二月，曾几第二次到绍兴。当时，曾几七十二岁，陆游三十一岁。此时，陆游因绍兴二十三年（1153）科举被秦桧从中作梗而再次落第，回到山阴，心情不佳，作《寄酬曾学士，学宛陵先生体。比得书，云所寓广教僧舍有陆子泉，每对之辄奉怀》说：

庭中下乾鹊，门外传远书。
小印红屈蟠，两端黄蜡涂。
开缄展矮纸，滑细疑卵肤。
首言劳良苦，后问逮妻孥。
中间勉以仕，语意极勤渠。
…………
几时得从公，旧学锄荒芜。
古文讲声形，误字辨鲁鱼。
时时酌井泉，露芽奉瓢盂。
不知公许否？因风报何如。

诗歌叙事与抒情层层递进，首先写收到曾几书信之喜，继而表达从曾几求学之愿，最后再次表达以曾几为师的深情。字字珠玑，话语诚挚，表达了后生对先生的景仰之情。

绍兴二十六年（1156）春，曾几特意到云门山看望陆游，有诗《陆务观效孔方四舅氏体，倒用二舅氏题云门草堂韵，某亦依韵》，将陆游比作王献之，大赞其诗歌。不久，曾几改知台州，陆游作《别曾学士》深情送行：

> 儿时闻公名，谓在千载前。
> 稍长诵公文，杂之韩杜编。
> 夜辄梦见公，皎若月在天。
> 起坐三叹息，欲见亡繇缘。
> 忽闻高轩过，欢喜忘食眠。
> 袖书拜辕下，此意私自怜。

陆游不仅敬重曾几的学问、文章，更景仰他的人品。曾几一生甘于清贫，所至常常借住僧舍，却一心忧国忧民。他的言行教育着陆游，陆游也以保全名节、不辱师门自勉。直到晚年，他尚自责："清贫尚愧茶山在，送老湖边有把茅。"（《新辟小园》，自注："曾文清至殁，常寓僧舍。"）为了纪念恩师，陆游在编订《剑南诗稿》时，将《别曾学士》列为第一篇，以表达饮水思源、不忘师恩之意。

绍兴二十七年（1157）四月，曾几被召为秘书少监，由台州还临安，途经绍兴，陆游再次见到老师。曾几离开绍兴时，陆游作诗送别，此诗早已亡佚，仅存曾几《还守台州次陆务观赠行韵》。在之后的人生中，陆游仍时不时地忆及恩师。

孝宗乾道七年（1171）九月，陆游任夔州通判，作《追怀曾文清公呈赵教授赵近尝示诗》：

忆在茶山听说诗，亲从夜半得玄机。

常忧老死无人付，不料穷荒见此奇。

律令合时方帖妥，工夫深处却平夷。

人间可恨知多少，不及同君叩老师。

此诗是陆游呈给赵教授的，但主要内容却是追忆老师曾几。曾几号茶山居士，有《茶山集》，“在茶山听说诗”，诗人深刻地领悟到了诗歌的奥妙。曾几逝世四年后，陆游又作《曾文清公墓志铭》，追忆老师，对老师充满感激之情。

孝宗淳熙七年（1180）五月，陆游任提举江南西路常平茶盐公事，任所在江西抚州。因与黎道人偶尔谈到老师，便专写下《与黎道士小饮，偶言及曾文清公，慨然有感》，追忆老师曾几。直到宁宗嘉定元年（1208）冬，陆游八十四岁时，还梦到曾几，《梦曾文清公》写道：

有道真为万物宗，巉然使我叹犹龙。

晨鸡底事惊残梦，一夕清谈恨未终！

他称赞老师为“有道”之人，是清雅高洁之士。此后，陆游与曾几的儿孙亦有往来，世交不断。

第四章 钗头遗恨

情投意合

伉俪相得

乐极生悲

父母对陆游寄予厚望，眼见儿子眷恋娇妻、贪享闺房之乐，深恐因此疏惰学业，影响功名前程，最后，由母亲出面，强迫陆游休弃唐琬。陆游只得忍痛与唐琬分手。

约在绍兴十四年（1144），二十岁的陆游娶唐琬为妻。据宋元之际周密《齐东野语》记载："陆务观初娶唐氏，闳之女也，于其母夫人为姑侄。"[①]后人多沿袭这种说法，但此说并不可靠。唐琬是山阴人，祖父唐翊，进士出身，官至鸿胪少卿，宣和年间颇有政声，父亲唐闳做过郑州通判、江东运判等。唐闳有弟闶、阅，名字中均有"门"字。陆游母亲则是北宋名臣唐介孙女、唐之问女儿。唐介为江陵人，唐介的孙男，即陆游的舅氏辈，共六人：唐懋、唐愿、唐恕、唐意、唐愚、唐凭，各字中均有"心"字。可见，陆母与陆妻，一是江陵唐氏，一是山阴唐氏，并不同宗，且陆游舅舅中并无唐闳其人，姑侄之说自然难以成立。

唐琬容貌姣好，聪慧过人，颇有文学修养。她与陆游情投意合，伉俪相得，婚后生活幸福美满，沉浸在甜蜜的爱情中，生活浪漫而有诗意。陆游写有闺房吟唱的《菊枕诗》，被人传

① [宋]周密：《齐东野语》卷一，《文渊阁四库全书》本。

诵一时，可惜没有流传下来。

但乐极生悲，正当陆游夫妇你恩我爱、纵情欢乐之时，遗恨也悄然而来。陆家是名门望族，世代官宦、诗书传家，父母对陆游寄予厚望，眼见儿子眷恋娇妻、贪享闺房之乐，深恐因此疏惰学业，影响功名前程，于是迁怒儿媳，渐渐对唐琬产生不满。最后，由母亲出面，强迫陆游休弃唐琬。在礼教束缚下，父母之命怎敢违抗？陆游只得忍痛与唐琬分手，成了他一生中念念不忘的遗憾。

不久，陆游奉父母之命续娶王氏为妻。王氏是蜀郡（治今四川成都）人。绍兴十八年（1148），长子子虡出生。绍兴二十年（1150），次子子龙出生。后一年，三子子修生。唐琬则改嫁同郡宋宗室赵士程。赵士程与陆家有表亲关系，陆游的姨母瀛国夫人唐氏是宋仁宗第十女秦鲁国大长公主的儿媳，赵士程则是秦鲁国大长公主的侄孙。如此看来，陆游与赵士程算是同辈的表兄弟。

约在绍兴二十二年（1152）春，陆游来到禹迹寺踏青。禹迹寺在山阴城东，寺南的沈氏小园，柳丝依依，碧波涟涟，景致幽美。陆游恰好遇上了唐琬和赵士程，因陆、赵两家亲戚通好，赵士程遂邀陆游一道赏春宴饮。此时，陆游与唐琬已多年不见，今日相见，两人身份相隔，虽有千言万语，又怎敢轻易流露？陆游借酒浇愁，感慨惆怅，乘醉提笔在沈园粉壁上题了一首《钗头凤》：

红酥手，黄縢酒。满城春色宫墙柳。东风恶，欢情薄。一怀愁绪，几年离索。错，错，错。

春如旧，人空瘦。泪痕红浥鲛绡透。桃花落，闲池阁。山盟虽在，锦书难托。莫，莫，莫！①

这是一首凄楚哀婉、催人泪下的词作，可见陆游对唐琬相思相眷、难以忘情而又无法言传的痛苦与无奈。上片追忆昔日欢情以及被迫离异的痛苦。开头三句，回忆与唐琬同游的情景。“黄縢酒”，是宋代官府酿造的一种名酒，酒坛的封口上用黄纸封住。红润的手、黄封的酒、翠绿的柳，构成一幅色彩鲜明、格调欢快的春游图，表现了夫妻恩爱的美好、幸福。接着笔锋一转，悲愤的感情如同江河直泄而下：讨厌的东风无情地摧残春花，美满的姻缘无奈被拆散，被迫分离的生活给他们带来满怀愁恨、无尽痛苦。歇拍连呼三个“错”字，多少沉痛尽在其中。

下片由感慨往事回到现实。春天的美景依旧如昔，眼前的人儿却被“一怀愁绪”折磨得红颜憔悴。尽管相思不断、旧情难舍，然而一切都无法挽回，白白地消瘦又有什么用呢？泪水

---

① 关于《钗头凤》是否为陆游写给唐琬之作，详见高利华《陆游〈钗头凤〉词研究综述》，《文学遗产》1989年第2期；吴熊和《陆游〈钗头凤〉词本事质疑》，《吴熊和词学论集》，杭州大学出版社1999年版，第274页。

和着脸上的胭脂早已把鲛帕湿透。桃花凋零，园林冷落，象征着唐琬遭到的无情摧残。“山盟虽在，锦书难托”，寥寥八个字，表达出了陆游欲罢难舍、欲爱不能的心情。爱、恨、怜、惜，千回百转，感慨万千。事已至此，又当如何？结拍发出无奈、绝望的叹息：“莫、莫、莫！”意即罢、罢、罢！语气软弱无力，却沉痛厚重，催人泪下。

张星耀《词论》认为“词有重句，是其中最紧要处”，《钗头凤》之“莫、莫、莫”是结上语，结语“要接得着、结得住”，不然，“真嚼蜡矣”①。此词感情真挚，哀婉缠绵，字字血，声声泪，节奏急促，声情凄紧，如泣如诉，令人不忍卒读，后世传唱不衰。陆、唐的爱情故事也随之传扬天下，成为数百年来小说、戏曲常表现的题材，感动了无数有情人。

相传唐琬有和作，宋陈鹄《耆旧续闻》卷十记载：“（唐琬）见而和之，有‘世情薄，人情恶’之句，惜不得其全阕。”②明代卓人月《古今词统》载唐琬和作：

世情薄，人情恶。雨送黄昏花易落。晓风干，泪痕残。欲笺心事，独语斜阑。难，难，难！

---

① 朱崇才：《词话丛编续编》第1册，人民文学出版社2010年版，第198—199页。

② [宋]陈鹄撰，孔凡礼点校：《西塘集·耆旧续闻》卷十，中华书局2002年版，第388页。

人成各，今非昨。病魂常似秋千索。角声寒，夜阑珊。怕人寻问，咽泪装欢。瞒，瞒，瞒！[①]

在宋代，离婚再嫁的女子处境十分艰难。唐琬本来就是一个多愁善感的女子，尽管后夫赵士程待她很好，但她的心中却始终无法抹去陆游的影子，一直郁郁寡欢。然而，这种心事又怎能道与人知？沈园一逢，更增添千般幽怨、万种凄凉，心病郁结缠绵，于是唐婉不久就含恨而逝。

这场婚姻悲剧，特别是唐琬的早逝，成了陆游心底一道难以愈合的伤痕、一个至死不解的情结。陆游有一些追忆、怀念唐琬的诗作，淳熙十四年（1187）初冬，陆游在权知严州（治今浙江建德）军州事任上，思念唐琬历时持久，故作《余年二十时尝作〈菊枕诗〉，颇传于人，今秋偶复采缝菊枕囊，凄然有感》二首：

采得黄花作枕囊，曲屏深幌闷幽香。
唤回四十三年梦，灯暗无人说断肠。

① 《御选历代诗余》卷一八〇亦载唐琬《钗头凤》全词，但此词应是伪作。[清]吴衡照《莲子居词话》卷三指出《钗头凤》唐氏答词“语极俚浅”，“殆好事者从而为之”。参见唐圭璋《词话丛编》，中华书局1986年版，第2407页。

少日曾题菊枕诗，蠹编残稿锁蛛丝。
人间万事消磨尽，只有清香似旧时。

此时诗人已是六十三岁的老人，大半生都在漂泊，秋天来临，采菊做枕囊时，悲从中来，不能自已，凄然有感，于是写诗抒怀。唐琬飘逸的身影时时萦绕在陆游心中，如仙似幻。其一写诗人情不自禁地回忆起四十三年前的情景，孤灯只影，向谁倾诉？黯然神伤，感慨万千，与苏轼《江城子》“千里孤坟，无处话凄凉”的哀感异曲同工。其二触景生情，抚今追昔，温馨甜蜜的爱情生活珍藏于诗人心间，历历在目，记忆犹新，“支”韵是柔韵，低回婉转，一唱三叹。两诗首尾照应，今昔时空，意象交错，情深意切，哀婉缠绵，催人泪下。

再如两首记梦诗《十月二十八日夜鸡初鸣时，梦与数女仙遇，其一作诗示予，颇哀怨，如人间语，惟末句稍异。予戏之曰：“若无此句，不可为神仙矣。”其一从旁戒曰：“汝当勿忘此规。”作诗者甚有愧色，予颇悔之。即觉，赋两绝句以解嘲》：

玉姝眉黛翠连娟，弄翰闲题小碧笺。
人世愁多无着处，故应分与蕊宫仙。

虹作飞桥蜃吐楼，群仙来赋海山秋。

玉珠定自多才思，更与人间替说愁。

如玉如珠的美人，提笔赋诗，多才多思，楚楚动人。这哪里是梦中的仙女，分明是唐琬的倩影！诗人是借梦境来怀念心爱的前妻。

光宗绍熙三年（1192），六十八岁的陆游重游沈园，但见亭台深锁，鸿影不再，墨迹犹存，往事涌现，悲难自禁，遂怅然赋诗，题为《禹迹寺南有沈氏小园，四十年前尝题小阕壁间。偶复一到，而园已易主，刻小阕于石，读之怅然》：

枫叶初丹槲叶黄，河阳愁鬓怯新霜。
林亭感旧空回首，泉路凭谁说断肠？
坏壁醉题尘漠漠，断云幽梦事茫茫。
年来妄念消除尽，回向禅龛一炷香。

“空”字是诗的主旨，首联写“空冷”之景，颔联吐“空落”之感，颈联抒“空寂”之怀，尾联露“空无”之念，触物伤怀，寓情于景，排遣积聚四十年的衷情。霜寒叶落，林亭萧瑟，墨痕依稀，惊鸿无踪，生死茫茫，更诉何人！满怀的悲怆无计化解，只好虔心向佛，以求得片刻的慰藉，然而，焚香礼佛又怎么能消除埋在心底的创痛呢？晚年的陆游在功名未就、收复无望之后，越发怀念早年的纯真爱情，痛惜唐琬的早逝。

消除尽“妄念”，看破一切，然虔心礼佛，果真能四大皆空，平复悲情？答案显见，往事随风，人去楼空，空余怅恨，墨痕背后是诗人的泪迹和血痕，正如白居易《长恨歌》“此恨绵绵无绝期”。

宁宗庆元五年（1199）春，前妻唐琬已离世四十余年，继妻王氏也于两年前故去，陆游晚年孤独，复至与唐琬离婚后不期而遇的沈园，睹物思人，作《沈园》二首：

城上斜阳画角哀，沈园非复旧池台。
伤心桥下春波绿，曾是惊鸿照影来。

梦断香消四十年，沈园柳老不吹绵。
此身行作稽山土，犹吊遗踪一泫然。

诗作堪称“伤心人”语，目之所见，耳之所闻，都令人肝肠寸断。其一首句从远处、听觉着笔，奠定全诗感情基调。落日残照，正值现实黄昏，号角哀声阵阵，斯人已逝，沈园景物早已面目全非，诗人生命亦已“黄昏”，用一“哀”字，“以我观物，故物皆著我之色彩”[1]。次句点出“哀”的主要原因，并非沈园变化，只因人事变迁，似无理实有情。后二句

① 王国维著，彭玉平评注：《人间词话》，中华书局2015年版，第5页。

具体展开，春波犹绿，惊鸿不在，欲抑先扬。诗人直呼“伤心”，可见记忆刻骨铭心，眷恋之情浓厚。悲伤至极，率露表达，顾不得含蓄。其二，写绵绵不尽的柳絮让诗人想起《钗头凤》中的“满城春色宫墙柳”，柳絮因风而起，勾起多少昔日欢情，撩弄起愁绪。然而四十年过去了，柳树无力吹绵，暗喻二人欢情不复，年华老去，不禁哀婉叹息。这两首诗写得深沉哀婉，含蓄蕴藉，感人至深。其中“伤心桥下春波绿，曾是惊鸿照影来”更是脍炙人口的名句。沈园附近便有以“春波”命名的小桥。这两首七绝也成了宋代爱情诗的绝唱。

开禧元年（1205）十二月二日冬夜，陆游梦中至沈园，作《十二月二日夜梦游沈氏园亭》二首：

路近城南已怕行，沈家园里更伤情。
香穿客袖梅花在，绿蘸寺桥春水生。

城南小陌又逢春，只见梅花不见人。
玉骨久成泉下土，墨痕犹锁壁间尘。

其一，首句将伤情“泛化”到沈园周围城南一带，饱含往事不堪回首又无处逃遁的苦痛。次句紧承上句，将“伤情”汇聚于沈园。第三句宕开一笔，转写梦中春日之景：梅花依旧，馨香盈袖，然故人已去，读来更令人动容。末句用笔清新，一

“蘸”字分外传神，写出了绿意像染料，染绿草木，又蔓至寺桥，最后只轻蘸点染，一池春波便荡漾开来。后二句对仗工整，用通感、拟人手法，笔墨灵动，“梅花”“春水”极具人情味。

其二，前二句与“路近”句呼应，解释“怕行”原因，“又”字点出乐景常有，暗含当年偕行赏花的唐琬已不在世上。后二句紧承上文，道明人未可见的原因，“久成”“犹锁”对比鲜明。若不是标题点明“梦”字，读者难免视其为纪实之作。可见沈园已成为诗人心灵的“原风景”，是永恒的美好，未经世事沧桑侵扰，依稀如昨。

随着岁月的流逝，陆游仍然对沈园魂牵梦萦，直到他生命的最后时刻。嘉定元年（1208）春，陆游去世前两年，作《春游》绝句四首，记录寒食节前后的春游。其四描写沈园春景：

沈家园里花如锦，半是当年识放翁。
也信美人终作土，不堪幽梦太匆匆。

沈园花团锦簇，美景依旧，触引陆游思念唐琬。春日盛景与内心凄恻顿成鲜明对照，乐景之中弥漫着诗人对往事的感叹、悲伤之情，但不以一语直接道出，而是尺水兴波，情意深浓。诗人感叹半数繁花都认得自己，自然生出物是人非之感，不仅带出时间上的相似，亦与诗题呼应。前两句串联起现在和过去，一今一昔，时间与空间皆成对照。后两句写美人作土，断香零粉，对生命短暂的悲慨和爱情已成悲剧的现实皆融会于幽梦之中，缠绵悱恻的儿女之情，诗人终身难以排遣。

第五章 坎坷科举路

意气风发
志在必得
报国无门

绍兴十年，陆游赴临安参加科考，没有中试。绍兴十三年秋天，陆游再次来到临安应秋试，又一次名落孙山。绍兴二十四年，陆游参加礼部复试，又被秦桧所黜落。

科举是宋代士子进入官场、朝廷选拔官员的主要方式。陆游要实现自己的宏图远志，科举考试是绕不开的一步。但绍兴十年（1140）至绍兴二十三年（1153），从意气风发的十六岁少年到踌躇满志的二十九岁青年，陆游三次参加科举考试，皆以落第告终，科举之路走得十分坎坷。

绍兴十年，开蒙早又好读书的陆游已积累不少才识，遂同从兄伯山、仲高等要好的亲友一起赴临安参加科考。初下科场，陆游仅作为一次试炼，用以积累经验，并无志在必得之意。所以在考试前，并没有像其他学子那样紧张备考，而是与一同借宿在灵芝寺的僧房从兄伯山、仲高以及叶晦叔、范元卿、陈公实、韩梓等友人交游畅饮，纵情山水，高谈阔论，狂放不羁，一派少年豪气。他作《送韩梓秀才十八韵》生动地记述了当时游玩的情景：

束发走场屋，始得从君游。

灯火都城夜，风雨湖上秋。

追随不隔日，岩壑穷探搜。
摩挲石屋背，摇兀暗门舟。
酒酣耳颊热，意气盖九州。
夜卧相蹋语，狂笑杂嘲讴。
但恐富贵逼，肯怀贫贱忧。

金秋时节，湖光山色、灯火都城，开阔了少年们的眼界，激发起万丈豪情。酒酣耳热之际，这些志同道合者一吐胸中抱负，指点江山，激扬文字，豪气干云。因此，尽管这次没有中试，陆游心中并没有难过失落，依旧对前途充满信心，对未来充满希望。在朋友们的欢声笑语中，他回到山阴，积聚力量，准备迎接下一次考试。然而，此时政治环境却愈发险恶。

绍兴十一年（1141）十二月，陆游回乡的第二年，在秦桧等人的密谋下，岳飞这位抗金功臣以“莫须有”的罪名，在大理狱中被杀害，一同被害的还有张宪、岳云等主战人士。此消息一经传出，忠义之士无不捶胸顿足、悲愤难抑。此时，秦桧拜为左相，权力愈发增大，他正积极着手与金国签订屈辱的和议，即“绍兴和议”。这一年对十七岁的陆游来说，印象深刻。他耳闻忠肝义胆的爱国人士惨死，见证了朝廷签订丧权辱国的条约，因此对朝廷的屈膝求和有了更加痛切的感受。他高声疾呼反对和戎，尝胆枕戈、北取中原，成为日后一生诗歌的主旋律。

绍兴十三年（1143）秋天，又是一个科举之年。时隔三年，陆游再次来到临安应秋试，并准备次年的礼部春闱。绍兴十四年（1144）正月，时值上元节，从舅唐仲俊招待陆游，他们一起观看了京城的元宵灯会，热闹非凡。这次考试，陆游抱着志在必得的心理，他自信“落笔辄千言，气欲吞名场”（《目昏废观书，以诗记其始，时年七十九矣》），然而结果却并不像预测的那样，陆游又一次名落孙山。

陆游第二次应试失利回到山阴，反思落第原因，心理压力颇大，于是愈加发奋读书。在这期间，陆游的家庭生活发生一系列的变故。他与唐琬的婚姻破裂，与唐琬离异后，更加埋头读书，借以减轻内心的痛苦烦恼。他抱着“学道当于万事轻”（《夜闻姑恶》）的信念，希望通过科举及第实现自己的远大志向。但不久之后，绍兴十八年(1148)，父亲陆宰又与世长辞。按照宋代服丧制度，陆游要给父亲服丧三年，服丧期间不能参加科举考试，以表孝道。

在这段日子里，陆游与朋友相伴。他们有天台之行，从剡溪逆流而上，观览山水。重阳佳节，登蕺山宇泰阁，有《绍兴辛未至丙子六年间，予年方壮，每遇重九，多与一时名士登高于蕺山宇泰阁。距开禧丁卯六十年，忧患契阔，何所不有，追数同游诸公，乃无一人在者，而予犹强健，惨怆不能已，赋诗识之》诗追忆往事。陆游还与友人陈山、王嵎、从兄陆升之相从，上会稽山，游禹祠，畅谈古今。直到六年后，才再次踏上科举之路。

绍兴二十三年（1153），又是金秋时节，陆游到临安参加两浙转运司锁厅试。这种考试是专为现任官吏和恩荫子弟而设，是考核他们才干的一种方式。成绩优异者，可以升官，不合格者，则免官。陆游曾以荫补登仕郎，所以有资格参试。秦桧的孙子秦埙也在应试名单中，此时，秦埙已经官居右文殿修撰，但这是恩荫官，秦桧并不满意，他希望孙子能通过科举，博得一个状元及第的美名，而且十分有把握。

但事情总是会有变化的，秦桧想当然的预设并没有顺利展开。这次考试，主考官是陈之茂，字阜卿，无锡（今属江苏）人，绍兴二年（1132）进士，官至吏部侍郎兼中书舍人。他是一位主战派官员，为人正直，不畏权势，并未理会秦桧的意图，而是任人唯贤，将陆游录取为第一名，把秦埙置于第二名。因为这件事，陈之茂触怒了秦桧，险遭迫害。绍兴二十四年（1154），礼部复试，陆游又名在前列。此次秦桧再也无法忍耐，公然黜落陆游，并问罪陈之茂。最后，因台谏弹劾，陈之茂被罢官。陆游第三次名落孙山。

这次落第，陆游受到了沉重打击，科举入仕的梦想破灭了。然而，陈之茂公正无私、有胆有识的形象永远留在了他的心中。直到晚年，陆游还写了首悼念陈之茂的诗《陈阜卿先生为两浙转运司考试官，时秦丞相孙以右文殿修撰来就试，直欲首送。阜卿得予文卷，擢置第一，秦氏大怒。予明年既显黜，先生亦几蹈危机。偶秦公薨，遂已。予晚岁料理故书，得先生手帖，追感平昔，作长句以识其事，不知衰涕之集也》，长长的诗题叙述了这件事的详细经过：

冀北当年浩莫分，斯人一顾每空群。
国家科第与风汉，天下英雄惟使君。
后进何人知大老？横流无地寄斯文。
自怜衰钝辜真赏，犹窃虚名海内闻。

以伯乐比喻慧眼识才的陈之茂，将陈之茂的知遇之恩铭记在心，同时抒发了自己怀才不遇的感慨愤激。直抒胸臆，情深意切，一次失败可以归结为偶然，但多次失败让陆游明白了一些暗藏的“玄机”。秦桧黜退陆游，除了为自己的孙子题名榜首外，与陆游的“喜论恢复”也很有关系。对此，叶绍翁《四朝闻见录·乙集》一语道破：“绍兴间已为浙漕锁厅第一，有司竟首秦熺（应作秦埙），置公于末。及南宫一人，又以秦桧所讽见黜，盖疾其喜论恢复。”[①]秦桧以“和议”博取高宗赵构的宠信，极力打击、排斥主战派人士。陆游受恩师曾几、父亲陆宰及许多前辈志士的影响，加上幼时经历过战乱之苦，痛感国土沦亡、百姓苦难，心灵深处久蓄抗击金兵、恢复山河之志，自称“少年志欲扫胡尘”（《书叹》）。科场对策，正是

① [宋]叶绍翁：《四朝闻见录·乙集》，中华书局1989年版，第65页。

为了实现此志，当然更要把自己的政治见解发挥得淋漓尽致，下笔千言，豪情万丈。然而，这样的文章只能使秦桧加倍忌恨。这一点，陆游在《和陈鲁山十诗，以“孟夏草木长，绕屋树扶疏”为韵》十首中也有所表露，其一、其五写道：

言语日益工，风节顾弗竞。
杞柳为桮棬，此岂真物性。
病夫背俗驰，梁甫时一咏。
奈何七尺躯，贵贱视赵孟。

门无容车高，庭止旋马广。
富贵固易耳，正恐卿嘶长。
时情竞脂韦，家法独肮脏。
静处看纷纷，枯槔劳俯仰。

“奈何七尺躯，贵贱视赵孟”，陆游明确表示了对权奸的鄙夷和蔑视，一身傲骨，决不愿向秦桧等恶势力低头。

奸佞当道，报国无门，陆游回到山阴后，便避居云门山攻读兵书。云门别业是陆宰留下的，陆游携家迁居这里，为的是安心习武、读书。在绿树环抱、泉水潺潺的清幽环境里，陆游的心渐渐平静下来，开始认真地研读《孙子兵法》。读书之余，则挥舞宝剑，潜心研究剑术，希望有一天能够亲上前线，“上马击狂胡，下马草军书”（《观大散关图有感》），成就一番大丈夫的功业。他作诗《夜读兵书》表达以身许国的凌云之志：

孤灯耿霜夕，穷山读兵书。
平生万里心，执戈王前驱。
战死士所有，耻复守妻孥。
成功亦邂逅，逆料政自疏。
陂泽号饥鸿，岁月欺贫儒。
叹息镜中面，安得长肤腴？

陆游虽避居山里，仍不时有友人前来拜访，王廉清就是云门草堂的一位常客。王廉清，字仲信，家富藏书，能诗善画，与陆游相识相知，交往甚密。五十年后，陆游仍作《天王寺迪上人房，五十年前友人王仲信同题名尚在》一首怀念他：

绿绕青围古会稽，城东河上古招提。
巴公茅屋曾游处，渭北山人半醉题。
暂憩不妨停画楫，幽寻还得杖青藜。
旧人死尽惟残屋，竹密云深步步迷。

两人闲暇时常相邀游赏，吟诗作画，唱和酬答，这为陆游的隐居生活带来不少乐趣。

第六章 初仕闽中

师生重逢

深受鼓舞

踌躇满志

当年，陆游因科举之事得罪秦桧，接连失利。秦桧死后，陆游终于迎来出仕机会。绍兴二十八年，他被任命为福州宁德县主簿。陆游有暇结识朋友，游山玩水，饮酒论诗。

高宗在位期间，秦桧为相长达十八年之久，结党营私，一味求和，主战派一直遭受打压。绍兴二十五年（1155）十月，奸相秦桧一命呜呼，压在主战派头上的大山终于倒下，朝堂政治形势开始转变，一时间，朝野上下一片主战呼声，高宗迫于形势和舆论压力，不得不陆续起用一批主战派人士。当时，曾几因反对和议罢官闲居江西上饶，现被起用。绍兴二十六年（1156）四月，曾几赴任前，途经山阴，陆游作《送曾学士赴行在》为老师送行：

二月侍燕觞，红杏寒未坼。
四月送入都，杏子已可摘。
流年不贷人，俯仰遂成昔。
事贤要及时，感此我心恻。
欲书加餐字，寄之西飞翮。
念公为民起，我得怨乖隔？
揺揺跂前旌，去去望车轭。

亭郭郁将暮，落日澹陂泽。
敢忘国士风，涕泣效臧获。
敬输千一虑，或取二三策。
公归对延英，清问方侧席。
民瘼公所知，愿言写肝膈。
向来酷吏横，至今有遗螫。
织罗士破胆，白著民碎魄。
诏书已屡下，宿蠹或未革。
期公作医和，汤剂穷络脉。
士生恨不用，得位忍辞责。
并乞谢诸贤：努力光竹帛。

师生重逢，陆游喜不自胜。他关注民生，鼓舞老师积极参政。老师再次被起用，陆游也深受鼓舞，认为朝堂形势大好。在抒怀寄言时，畅所欲言，毫无保留，对老师道出“流年不贷人”“士生恨不用”的情感，坦率表达自己想要出仕的愿望。曾几亦有诗《还守台州次陆务观赠行韵》赠陆游，谆谆告诫学生“鸣声勿浪出，坐待轩皇伶”，意在劝慰学生耐心等待，进退有度，不可盲目乐观。

当年，陆游因科举之事得罪秦桧，接连失利。秦桧死后，陆游终于迎来出仕机会。绍兴二十八年（1158），陆游被任命为福州宁德县（今属福建）主簿。时值秋冬，他收拾行装，很快从家乡出发，途经永嘉、瑞安、平阳（今皆属浙江），来到福州（今属福建）。他乘船途经瑞安时，作《泛瑞安江风涛贴然》：

俯仰两青空，舟行明镜中。
蓬莱定不远，正要一帆风。

诗人站在舟头眺望，天空澄澈，青山依旧，瑞安江风平浪静，江水清澈如明镜，自己仿若置身于蓬莱仙境，随时能够乘风归去。小诗言简意赅，在赞美自然景色的同时，又表明了对远方的向往之情。

途经平阳时，他又作《平阳驿舍梅花》：

江路轻阴未成雨，梅花欲过半沾泥。
远来不负东皇意，一绝清诗手自题。

诗人写梅花诗句颇多，但如此清新可爱的梅花却少。即使面对“半沾泥”的梅花，他心情依旧高昂愉悦。“远来不负东皇意”则表现出初入仕途的自信和责任心，踌躇满志。

主簿是从九品的文官，仅是县令的辅助，职责是管理簿书等事。朱熹《建宁府建阳县主簿厅记》记录主簿职责道：“县之属有主簿，秩从九品，县一人，掌县之簿书：凡户租之版，出内之会，符檄之委，狱讼之成，皆总而治之，勾检其事之稽违与其财用之亡失，以赞令治。”[①]对于三十四岁才入仕途的陆游来说，这个职位值得珍惜，他当作一次显露锋芒的机会，任职期间尽心尽力。他亲自下到乡村体察民情，《出县》写道：

> 匆匆簿领不堪论，出宿聊宽久客魂。
> 稻垅牛行泥活活，野塘桥坏雨昏昏。
> 槿篱护药才通径，竹笕分泉自遍村。
> 归计未成留亦好，愁肠不用绕吴门。

稻垅、牛行、槿篱、竹笕皆是农村之景。宽慰自己要尽职尽责，不用思家，不要三心二意。他还参与重修宁德城隍庙，有《宁德县重修城隍庙记》纪事。《嘉靖宁德县志》卷四载：“陆游，字务观，即放翁也……绍兴二十八年任邑簿，有善政，百姓爱戴。后以宝谟阁待制致仕。”[②]可见在职期间，陆游兢兢业业。

一县主簿，其实并没有很多公事，于是陆游有暇结识朋友，游山玩水，饮酒论诗。县尉朱孝闻（字景参），绍兴

---

① [宋]朱熹撰，朱杰人、严佐之、刘永翔主编：《朱子全书》（修订本），上海古籍出版社、安徽教育出版社2002年版，第3717页。

② [明]闵文振纂修：《嘉靖宁德县志》卷四，天一阁藏明代方志选刊续编本。

二十四年（1154）进士，颇喜诗文，与陆游交情笃深。某天，二人相约登上福州北岭。时值深秋，寒风萧萧，斜雨蒙蒙，晚红荔枝垂挂枝头，显得格外醒目。陆游《道院杂兴》其三自注云："北岭在福州，予少时与友人朱景参会岭下僧舍。时秋晚，荔子独晚红在。"两人尽情畅饮，酒酣耳热，陆游感叹光阴虚度、事业无成，唏嘘不已，遂作《青玉案·与朱景参会北岭》：

西风挟雨声翻浪。恰洗尽，黄茅瘴。老惯人间齐得丧。千岩高卧，五湖归棹，替却凌烟像。

故人小驻平戎帐，白羽腰间气何壮。我老渔樵君将相。小槽红酒，晚香丹荔，记取蛮江上。

上片从自己着眼，先点明当时天气环境，西风挟雨，声势如浪，本是恶劣天气，而他却认为恰恰洗尽此地的茅瘴之气，起句便有一种突如其来、挟势而下的豪迈之气。接着言明自己的志向：建功立业而后归隐江湖。下片从友人着眼，着力赞扬其飒爽豪气，希望将来功业有成，仍不忘今日相会的情景。陆游时年三十四岁，尚未得到重用，不由得流露出归老江湖的消极情绪来。这次相聚，陆游印象深刻。开禧元年，他闲居山阴还想到此事，遂作《予初仕为宁德主簿，而朱孝闻景参作尉，情好甚笃，后十余年，景参下世，今又四十几年，忽梦见之若平生，觉而感叹不已》："白鹤峰前试吏时，尉曹诗酒乐新知。伤心忽入西窗梦，同在峬村折荔支。"再次忆起当时折荔之事，陆游对这段经历难以忘怀，老而弥深。

绍兴二十九年（1159），陆游调任福州决曹，主管刑法，为一州之僚佐。陆游《跋盘涧图》记其事："绍兴己卯（1158）、庚辰（1159）之间，予为福州决曹。"可见其在宁德县任主簿职不到一年。关于陆游调任福州决曹的推荐者，学术界说法不一。于北山《陆游年谱》、朱东润《陆游传》皆认为是福州路提刑樊光远推荐。[①]邱鸣皋《陆游评传》认为是曾几，宁德县主簿之职也是曾几举荐，因曾几为陆游老师，且此期间在朝堂做官。邹志方《陆游研究》则认为除曾几外，宰相史浩可能也起了作用。[②]

在福州期间，陆游结识了不少人。绍兴二十九年，辛次膺除福建路安抚使兼知福州，陆游闻讯，欣喜万分。辛次膺，政和二年（1112）进士，工诗善文，且为官清正，不畏权贵，陆游早已仰慕多时，不想今日竟有缘成为辛次膺属下，真是幸事一件。于是他提笔便给这位尊敬的长者、上司写了一封《贺辛给事启》，从政治着眼，极力称赞上司："皓首来朝，方共推

---

① 参见于北山《陆游年谱》，中华书局1961年版，第69页；朱东润《陆游传》，人民文学出版社2007年版，第28—29页。

② 参见邱鸣皋《陆游评传》，南京大学出版社2002年版，第48页；邹志方《陆游研究》，人民出版社2008年版，第133页。

于宿望；丹心自信，宁少贬于诸公。洗鄙夫患失之风，增善类敢言之气。俯仰无愧，进退两高。”赞辛次膺高瞻远瞩，胆识过人，无私无畏，刚正不阿，丹心可鉴，深孚众望。有这么一位上司兼良师，陆游当然不会放过难得的学习机会。不久，他又写《上辛给事书》鲜明提出：“必有是实，乃有是文。”探讨、申论“实”与“文”，认为修身与作文是统一的，需先注重自身的道德修养，然后才能写出优秀的文章。同时陆游将自己的文章呈送辛次膺，自述遭秦桧打击以来，流落穷困，但不愿苟合，仍坚守节操，不坠青云之志，希望辛次膺能通过文章加深对他的了解。

陆游还结交了福建路提点刑狱公事樊光远。樊光远，字茂实，钱塘（今浙江杭州）人。绍兴五年（1135），省试第一，绍兴八年（1138），除秘书省正字。绍兴九年（1139），时值“绍兴和议”期间，因上疏朝廷善待忠良、重视百姓、振作士气、积蓄力量，以图恢复之事，得罪了主和派成员，触怒秦桧，贬黜阆州（治今四川阆中）教授。直至绍兴二十六年（1156），才被召回任监察御史。樊光远是具有爱国思想的人，与陆游志同道合，陆游《老学庵笔记》卷九载：

予少时为福州宁德县主簿，提刑樊茂实以职状举予曰：“有声于时，不求闻达。”后数月，再见之，忽问曰：“何不来取奏状？”予笑答之曰：“恐不称举词，故

> 不敢。”茂实亦笑，顾书吏促发奏。然予竟不投也。

樊光远很赏识陆游，主动推荐陆游应“有声于时，不求闻达”科，这也是于北山《陆游年谱》、朱东润《陆游传》认为陆游任福州决曹是经樊光远推荐的原因。

此外，陆游还结识了张维、何大圭等人。张维，字振纲，一字仲钦，剑浦（今福建南平）人，绍兴八年进士。张维生性耿直、刚正不阿，忠心爱国，志在恢复。两人一见如故，相见恨晚，朝暮相从，成了至交密友。后来，两人各调他任，但仍书信往来不断。张维去世后，他的儿子将他生前隐居之地绘制成图，并请陆游题诗纪念，陆游遂作《寄题张仲钦左司盘涧》。嘉泰元年，陆游又作《跋盘涧图》：

> 绍兴己卯庚辰之间，予为福州决曹，延平张仲钦为闽县大夫，朝暮相从。后四年，予佐京口，仲钦佐金陵，数以檄往来于钟阜浮玉间，把酒道旧甚乐。又二十年，予使闽中，仲钦闲居延平，数相闻。方约相过，而予蒙恩召还，遂有生死之异，言之怅然。

盘涧在延平（今福建南平延平区），是张维建造的隐居之所。听说此地风景优美，白云青嶂，环境清幽。张维罢官后，曾徜徉其间，纵观古书以自娱，颇有隐士风范。在此跋中，陆游回忆二人历久不衰的友情，声情并茂。

福州临海多山，山水胜迹很多，陆游忙中偷闲，游玩山水胜景。绍兴二十九年，陆游出仕半年，便得升迁，虽客中多病，却踌躇满志。于是他扶病登南台，心生感慨，作《度浮桥至南台》说："白发未除豪气在，醉吹横笛坐榕阴。"浮桥，用船或筏作为桥墩、上铺木板的桥，即今解放大桥旧址。南台，福州闽江、乌龙江之间的岛，称南台山，又称仓山。"白发"有时空之叹，借陈元龙"豪气不除"之典，表明自己豪气未减，壮气凌云；独坐榕阴里，醉吹横笛，化豪迈为豁达，语尽意不尽，余韵悠长。早秋时节，陆游还曾乘船出海，留有《航海》《海中醉题，时雷雨初霁，天水相接也》两诗，记录江山胜景，各有奇趣。

在闽中任职终非诗人志向所在。绍兴三十年（1160）正月，陆游便经推荐，取道永嘉、括苍、东阳，奉诏北归临安，入朝为官。行至东阳时，赋《东阳观酴醾》说：

> 福州正月把离杯，已见酴醾压架开。
> 吴地春寒花渐晚，北归一路摘香来。

酴醾，花名，颜色似酒，伴着酴醾花开，诗人踏上归途，直奔临安。

第七章 初为朝官

召至临安
金国入侵
返回老家

在临安期间，他结识了不少志同道合的朋友。绍兴三十一年七月，陆游升迁大理司直兼宗正簿。在这一年，宋金发生战争，陆游忧国不止，想要报效国家，却惨遭停职。

绍兴三十年（1160）正月，陆游被召至临安。他在接令后，心境开朗，满怀期待地离开福州，稍洗风尘，即往敕令所上任。随后，又上一道《除删定官谢丞相启》，对丞相的举荐之恩感激再三。

临安任职期间，陆游结识周必大。周必大，字子充，一字洪道，吉州庐陵（今江西吉安县）人，绍兴二十一年（1151）进士出身。两人隔墙而居，既为近邻，又成莫逆，逐日相从，不拘礼节。陆游与他常结伴畅游西湖，呼酒谈笑，赋诗作文。《剑南诗稿》卷一有《周洪道学士许折赠馆中海棠，以诗督之》《过林黄中食柑子有感，学宛陵先生体》《玉牒所迎驾，望见周洪道舍人》《以石芥送刘韶美礼部，刘比酿酒，劲甚，因以为戏》等，皆是有关周必大的唱和之作。绍兴三十二年（1162），陆游卧病杭州，周必大作《陆务观病弥旬，仆不知也。佳篇谢邻里，次韵自解》慰问他。周必大后来官至左丞相，封益国公，与陆游一直交好。他去世后，陆游撰《祭周益公文》悼念：

某绍兴庚辰，始至行在。见公于途，欣然倾盖。得居连墙，日接嘉话。每一相从，脱帽递带。从容笑语，

> 输写肝肺。邻家借酒，小圃锄菜。荧荧青灯，瘦影相对。西湖吊古，并辔共载。赋诗属文，颇极奇怪。淡交如水，久而不坏。各谓知心，绝出流辈。

陆游先从召至临安写起，回忆二人初次见面和相处时的情形。夜深人静，荧荧青灯之下，两人倾诉衷肠，彼此无话不谈，肝胆相照。

在临安期间，陆游与许多中下层官吏一同住在“百官宅”。除了与周必大交好外，他还结识了不少志同道合的朋友，如闻人滋、李浩、曾季狸、郑樵、韩元吉等饱学之士。这些人往往身居闲职，没有多少繁忙的公事。因而陆游有机会与他们诗酒唱酬。闻人滋，字茂德，嘉兴人，和善幽默，喜欢藏书、读书，谈起经义来，口若悬河，滔滔不绝。李浩，字德远，临川（今江西抚州）人，绍兴十二年（1142）进士，工诗文，也是位爱国志士。曾季狸，字裘父，南丰（今属江西）人，曾巩弟曾宰之曾孙，“江西诗派”吕本中的弟子，学问渊博，有谋略，淡泊功名。郑樵，字渔仲，莆田（今属福建）人，著有《通志》。韩元吉，字无咎，号南涧，开封（今属河南）人，学识渊深，词章典丽，议论明彻。正是与这些朋友同声共气，陆游的生活充实而富有情趣。

绍兴三十一年（1161）七月，陆游升迁大理司直兼宗正簿。《建炎以来系年要录》卷一九一载：“七月癸未（十二日），敕令所删定官陆游为大理司直。”《宋史·陆游传》

载："迁大理寺司直兼宗正簿。"[①]在宋代，大理寺是负责重大案件审理的最高审判机关，宗正寺则是负责管理皇族宗亲事务的机构。而陆游的主要工作是为皇家纂修"玉牒"，实际上与史官无异。在短短的几年中，频繁调任，初入仕途的陆游留恋怀念起故乡的闲适生活来。他给自己的寓所取名"烟艇"，并写下《烟艇记》叙述它的命名由来和含义：

> 陆子寓居得屋二楹，甚隘而深，若小舟然，名之曰烟艇……盖尝慨然有江湖之思，而饥寒妻子之累劫而留之，则寄其趣于烟波洲岛苍茫杳霭之间，未尝一日忘也……虽然，万钟之禄，与一叶之舟，穷达异矣，而皆外物。吾知彼之不可求，而不能不眷眷于此也……虽坐容膝之室，而常若顺流放棹，瞬息千里者，则安知此室果非烟艇也哉！

此记作于绍兴三十一年八月。作为诗人，陆游常怀"江湖之思"，向往隐居生活，欲远离尘俗，逍遥于"烟波洲岛苍茫杳霭之间"；但又因"饥寒妻子之累"，不得不沉于下僚，做凡尘俗吏。欲做隐士，事实上又不可能，故以"烟艇"名居室也只不过是"寄其趣"而已。他当时未隐，也不甘心做一名隐士。

就在这一年，宋、金关系再度紧张起来，金主完颜亮大举

---

① [元]脱脱等：《宋史》卷三九五《陆游传》，中华书局1977年版，第12057页。

南侵。四月，完颜亮由燕京迁都开封，积极准备南侵。高宗任命陈康伯、朱倬为左右相。陈康伯为主战派人物，处事沉稳有主见。西南方以大将吴璘为四川宣抚使，屯兵巴蜀；北方则以汪澈督师荆、襄；刘锜为淮南、浙西、江南东西路制置使，统率各路兵马迎击金兵。刘锜，字信叔，德顺军（今甘肃静宁）人，文武双全，胆略过人。然而，刘锜的副将王权却贪生怕死，战争开始，他就一再溃退，致使刘锜陷入敌围，只得向扬州撤退。不久，刘锜在皂角林（今在江苏扬州）大败金兵，全军退守镇江（今属江苏），与金兵隔江对峙。此时，女真族内部却发生政变，东京留守完颜雍称帝，改元大定。完颜亮腹背受敌，决定冒险渡江。不料，其部下哗变，杀死完颜亮，撤兵北归。战争匆匆结束，刘锜却在第二年二月呕血而死。消息传来，陆游扼腕叹息，作《刘太尉挽歌辞》二首：

羌胡忘覆育，师旅备非常。
南服更旄节，中军铸印章。
驰书谕燕赵，开府冠侯王。
赫赫今何在？门庭冷似霜。

坚壁临江日，人疑制敌疏。
安知百万虏，锐尽浃旬余。
智出常情表，功如定计初。
云何娼公者，不置箧中书？

刘锜是遭到主和派的攻击，内心感到委屈、激愤，呕血而死的。在诗中，陆游分析战况，为他辩诬：刘锜坚壁临江，保存宋军实力，据守长江天险。金兵慑于其威，宁可杀死完颜亮而不敢渡江。这难道不是智谋超群、功不可没吗？

虽然这次宋、金战争陆游没有直接参加，但是，当完颜亮举兵之际，陆游写下《贺黄枢密启》，向同知枢密院事黄祖舜表达了为国效命的决心：

> 夷狄鸱张，肆猖狂不逊之语；边障狼顾，怀震扰弗宁之心。我东有淮江之冲，西有楚蜀之塞。降附踵至，人心虽归而强弱尚殊；踊跃请行，士气虽扬而胜负未决。坚壁保境，则曷慰后来之望；辟国复土，则又有兵连之虞。窃惟明公，素已处此……敢誓糜捐，以待驱策。

陆游忧国不止，想要枕戈以待，报效国家，字里行间可见其一片赤诚之心。不久，陆游有机会晋见高宗，慷慨陈词，请缨北伐，情绪激昂，痛哭流涕。《史院书事》自注："绍兴辛巳尝蒙恩赐对，今三十九年矣。"对这次召对有记载。后来，《十一月五日夜半偶作》说："后生谁记当年事，泪溅龙床请北征。"指的就是这次晋见。但是，高宗赵构并没有理会陆游的满腔热忱，反而将他罢免。

陆游被停职后，返回山阴老家。他每隔一二日便去看望老师曾几。曾几这时已年过七十，全家老少寄居禹迹寺僧舍，萧然不避风雨，生活十分清贫。但老人并不以此为忧，仍以老病之身上疏朝廷，力主抗战，每见陆游，必谈国事，恩师的爱国之情深深地感动了陆游。

绍兴三十一年入冬时节，陆游再次被起用，入都担任枢密院编修官。这时，金兵渐渐退去。十二月，时任均州（治今湖北丹江口）知府兼安抚使武钜麾下的乡兵总辖杜隐率军一度收复西京洛阳。陆游于临安闻捷，喜极而作《闻武均州报已复西京》：

白发将军亦壮哉，西京昨夜捷书来。
胡儿敢作千年计，天意宁知一日回？
列圣仁恩深雨露，中兴赦令疾风雷。
悬知寒食朝陵使，驿路梨花处处开。

他从捷报写起，盛赞武钜收复西京的壮举，听闻捷报后他十分高兴。金人野心不会得逞，宋室中兴有望。收复失地，朝廷大赦，万民同欢。用驿路梨花处处盛开的美景表现诗人的兴奋快乐，以景结情，言尽而意远。全诗情感奔涌，节奏明快，音韵铿锵，律严句工，章法绵密。

绍兴三十二年（1162）春，陆游把家眷接到京都临安，写下《喜小儿辈到行在》，诗中描摹家和民安的太平景象，将胜利的喜悦和父子团聚的天伦之乐交织在一起，笔调活泼而亲切。然而在团聚喜悦之余，陆游又开始忧虑国事。当时有识之士忧国忧民，上奏朝廷，却反被高宗猜忌，遭到斥责。陆游见此情形，作《拟上殿札子》，准备在晋见时上奏皇帝：

> 欲望陛下昭然无置疑于圣心，克己以来之，虚心以受之，不惮舍短而取长，以求千虑之一得，庶几下情得以毕达。群臣无伯益、召公之贤，陛下以舜、武王之心为心，则是圣德巍巍，过于舜、武王矣！

他希望高宗能够虚心听取群臣的意见，广开言路，少生疑心，做一个贤明的君主。然而，还没等到陆游正式上奏，高宗就传位给太子赵昚，自己做太上皇颐养天年去了。

绍兴三十二年六月，赵昚即位，是为孝宗，第二年改元隆兴。赵昚本是宗室之子，高宗独子死后，收其为养子。他长于民间，对百姓疾苦有所了解，即位之初，有顺应民心、收复中原之志，因此着手整肃军纪，整顿吏治，招贤纳士，为北伐做准备。

九月十一日，孝宗下诏，将敕令所改为编类圣政所，开启为太上皇编“圣政”的工作。高宗绍兴末，陆游已调任枢密院编修官，担任文案编纂的工作，类似于现在的秘书。孝宗即位后，复授枢密院编修兼编类圣政所检讨官。十月，权知枢密院事史浩、同知枢密院事黄祖舜共同推荐陆游“善辞章，谙典故”。周必大在孝宗面前称誉陆游为当代李白[①]，于是孝宗召

---

① [宋]罗大经《鹤林玉露·甲编》卷四载：“寿皇尝谓周益公曰：‘今世诗人亦有如李太白者乎？’益公因荐务观，由是擢用，赐出身为南宫舍人……其诗号剑南集，多豪丽语。”见罗大经著，孙雪霄校注《鹤林玉露》，上海古籍出版社2012年版，第44页。

见陆游，奏对之间，孝宗对陆游的才华颇为欣赏，称他“力学有闻，言论剀切”[①]，特地赐给他进士出身。

皇帝的知遇之恩，使陆游大受鼓舞。他在代枢密院拟写的《代乞分兵取山东札子》中，就宋军进讨京东的计划提出建议：反对孤注一掷地冒险出兵，认为两淮近在京畿，应加强防守，提出以十分之九的兵力镇守江淮，扼守要害，不可轻动，同时精选少数骁勇将士轮番袭击敌区，出奇制胜，等到徐州、郓城、商丘、亳州这一带地区平定巩固后，大军再逐渐推进。这样一来，可使战场远离两淮、京城，“进有辟国拓土之功，退无劳师失备之患”，做到万无一失。可见，陆游有杰出的军事才能。

陆游还先后上《上殿札子》《论选用西北士大夫札子》以及《条对状》七条：建议严饬军纪政令，对玩忽职守、不遵谕令的文臣武将一律严加惩治；反对用人方面的“重南轻北”，主张选用南渡来归的贤士，以安抚沦陷区的百姓；要求减轻刑罚，除去凌迟酷刑；反对宦官养子等。陆游的一系列主张，涉及政权建设、职官制度、人才选拔、刑法戒律等诸多方面，是认真观察和深思熟虑的结果，希望孝宗能够采纳他的意见，革除时弊，刷新政治，实现统一江山的愿望。

此外，陆游还写过一系列的文章，为恢复中原出谋献策。隆兴元年（1163）正月二十一日，中书省、枢密院请陆游到中书省的政事堂，代陈康伯起草二府《与夏国主书》。二月，

---

① [元]脱脱等：《宋史》卷三九五《陆游传》，中华书局1977年版，第12057页。

二府又请陆游代撰《蜡弹省札》。前者意在与西夏通好，后者则是要秘密发动沦陷区百姓起义，这些都是为北伐所做的准备工作。

隆兴元年年初，孝宗起用张浚为枢密使，都督江淮军马，开府建康，准备对金作战。陆游闻讯非常兴奋，《贺张都督启》写道：

> 属边烽之尚警，烦幕府之亲临……仰惟列圣之恩，实被中原之俗。耕田凿井，举皆涵养之余；寸地尺天，莫非照临之旧。岂无必取之长算，要在熟讲而缓行。顾非明公，谁任斯事。

陆游致书张浚，先是道明祝贺之意，但更主要的目的还是献计献策。他对北伐胜利、收复中原寄予深切的期望，同时又劝诫张浚不可轻率出兵，要做好充分准备，稳扎稳打。

四月，孝宗批准张浚的奏请，正式出师北伐。南宋发兵，由张浚部将李显忠和邵宏渊统领，分别从濠州（治今安徽凤阳）和泗州（治今江苏盱眙）出发北进，张浚坐镇督战。战争开始时，宋军节节胜利，很快攻克了宿州、灵璧。但是，李、邵二将发生内讧，邵宏渊不听指挥，致使李显忠孤军作战，终于在符离集（今属安徽宿州）遭到溃败，所谓“隆兴北伐”就此惨淡收场。

第八章 京口唱和

仗义执言
贬出京城
交游唱和

陆游积极追随张浚，支持抗金大业。在镇江北伐之势向好之际，朝政却被主和派把持，瓦解了积极准备北伐的势力，陆游刚燃起的希望之火就此被浇灭。

符离一败，孝宗抗战的信心立即动摇，起用主和派，准备与金人议和。皇帝立场的改变使爱国志士处境日益困难，陆游的直言渐渐引起孝宗的厌恶。此时，陆游向时任参知政事的张焘举报孝宗宠宦曾觌、龙大渊二人作为外臣结交宫女的事，又揭发二人招权纳贿、结党营私，《宋史·陆游传》载："（曾）觌、（龙）大渊招权植党，荧惑圣听，公（张焘）及今不言，异日将不可去。"[①]这更加触怒了孝宗，五月初三，朝廷一纸令下，陆游被贬出京城，返里待阙，后调任镇江府（今属江苏）通判。

隆兴二年（1164）二月，陆游到镇江赴任。三月，孝宗下诏令张浚巡视江淮。因孝宗还未彻底放弃北伐，张浚此时仍以右丞相都督江淮军马，积极操练，修筑城堡，增置战船武器，招募壮士豪杰，又常在镇江一带巡视。于是，陆游和张浚两位仁人志士在镇江相遇。张浚与陆游的父亲陆宰是故交，对

① [元]脱脱等：《宋史》卷三九五《陆游传》，中华书局1977年版，第12058页。

陆游“顾遇甚厚”，张浚曾于宣和间为山南府（治今陕西汉中）士曹参军，位属于“掾”的陆宰以事入蜀，在南郑与张浚相识。[①]故而，陆游积极追随张浚，支持抗金大业，晚年所作《跋张敬夫书后》记载当时情境：

隆兴甲申，某佐郡京口，张忠献公以右丞相督军过焉。先君会稽公，尝识忠献于掾南郑时，事载高皇帝实录，以故某辱忠献顾遇甚厚。是时敬父从行，而陈应求参赞军事，冯圜仲、查元章馆于予廨中，盖无日不相从。迨今读敬夫遗墨，追记在京口相与论议时，真隔世事也。

当时，张浚身边聚有一大批主张抗战的爱国志士，如张浚之子张栻、张浚的军事参谋陈应求、张孝祥、冯圜仲、王质等，共同形成了支持张浚北伐的核心力量。后来，有更多的仁人志士闻风而来，追随张浚。他们相互欣赏、支持，为朝廷北伐出谋划策。陆游《醉中戏作》说：

当年买酒醉新丰，豪士相期意气中。
插羽军书立谈办，如山铁骑一麾空。

---

① 参见孔凡礼《陆游家世叙录》，《文史》第三十一辑。

如此多的爱国志士不谋而合，共同讨论北伐大计，意气风发。由此，诗人重新燃起北伐的希望之火，北望中原，豪情万丈。镇江任上，陆游上疏建议迁都，《上二府论都邑札子》写道：

> 伏闻北人累书请和……然某闻江左自吴以来，未有舍建康他都者。吴尝都武昌，梁尝都荆渚，南唐尝都洪州，当时为计，必以建康距江不远，故求深固之地。然皆成而复毁，居而复徙，甚者遂至于败亡。相公以为此何哉？天造地设，山川形势，有不可易者也。车驾驻跸临安，出于权宜，本非定都。以形势则不固，以馈饷则不便，海道逼近，凛然常有意外之忧，至于谶纬俗语，则固所不论也。今一和之后，盟誓已立，动有拘碍，虽欲营缮，势将艰难。某窃谓及今当与之约：建康、临安皆系驻跸之地。北使朝聘，或就建康，或就临安。如此，则我得以闲暇之际，建都立国；而彼既素闻，不自疑沮，黠虏欲借以为辞，亦有不可者矣。

诗人从军事角度出发，认为临安地势不险固，粮饷运输不便，靠近海路，常有不虞之患，不如建都建康。他力主在和约中声明建康、临安皆为皇都，以便将来建都之际不会引起敌人怀疑。《宋史·陆游传》也载其言论："经略中原必自长安始，取长安必自陇右始。"[①]主张建都关中。

在镇江北伐之势向好之际，朝政却被主和派把持。左丞相汤思退，字进之，是主和派的代表，当年与秦桧同党，也是太上皇赵构的心腹之一。此次，为了巩固权力，决心除掉张浚，他内外勾结，党同伐异。他派宠臣龙大渊向孝宗上奏"兵少粮乏，楼橹、器械未备"[②]，从军事尚弱劝退孝宗北伐。接着，又让尹穑弹劾张浚"跋扈"[③]，不听指挥，瓦解积极准备北伐的势力。

隆兴二年四月，孝宗召张浚还朝，后将其罢免出朝，朝廷决定弃地求和，陆游刚燃起的希望之火就此被浇灭。八月二十八日，张浚在悲愤中卒于余干（今属江西）。《宋史·张浚传》载：

> （张浚）行次余干，得疾，手书付二子曰："吾尝相国，不能恢复中原，雪祖宗之耻，即死，不当葬我先人墓左，葬我衡山下足矣。"[④]

---

① [元]脱脱等：《宋史》卷三九五《陆游传》，中华书局1977年版，第12058页。

② [元]脱脱等：《宋史》卷三七一《汤思退传》，中华书局1977年版，第11530页。

③ [宋]李心传撰，[清]徐钒点校：《建炎以来朝野杂记·甲集》卷二十，中华书局2000年版，第469页。

④ [元]脱脱等：《宋史》卷三六一《张浚传》，中华书局1977年版，第11311页。

张浚力主收复中原，反对议和，至死不渝。这样一位坚定的爱国之士，在政治风波中溘然而逝。噩耗传来，陆游悲痛万分，《送王景文》写道：

张公遂如此，海内共悲辛。
逆虏犹遗种，皇天夺老臣。
深知万言策，不愧九原人。
风雨津亭暮，辞君泪满巾。

王景文，即王质，与陆游在镇江相识，是张浚的僚属，因忌惮他的人说他年少好异论，而被罢职。王质道经镇江，陆游作此诗送别。但送别之意少，哀悼张浚之意浓，表达了对张浚去世的悲伤和对国家的忧虑，以及对王质离去的不舍之情。直至乾道元年（1165）冬，张浚葬于衡山，陆游还作《去年余佐京口，遇王嘉叟从张魏公督师过焉。魏公道免相，嘉叟亦出守莆阳。近辱书报，魏公已葬衡山，感叹不已。因用所遗〈拄颊亭〉诗韵奉寄》缅怀张浚。

隆兴二年秋，陆游仍在镇江任上，上级知府是方滋。镇江府属两浙西路，辖丹徒、丹阳、金坛三县，区域并不广。但镇江靠近南京，为长江下游的军事重镇，具有很高的军事战略地位。陆游出任通判时，宋、金尚在议和，加上朝廷主和倾向愈发明显，所以职事还算清闲，《逍遥》写道：“午坐焚香常寂寂，晨兴署字亦寥寥。”一天到晚，他并无多少事情可做。陆游与方滋相熟，应方滋邀请来到北固山观赏秋景，遂作《水调歌头·多景楼》：

江左占形胜，最数古徐州。连山如画，佳处缥缈著危楼。鼓角临风悲壮，烽火连空明灭，往事忆孙刘。千里曜戈甲，万灶宿貔貅。

露沾草，风落木，岁方秋。使君宏放，谈笑洗尽古今愁。不见襄阳登览，磨灭游人无数，遗恨黯难收。叔子独千载，名与汉江流。

滚滚长江，莽莽群山，陆游乘兴游甘露寺，登多景楼，极目远眺，触景生情。词上片重在写景，情为景语。由“江左”而“徐州”而“连山”而“危楼”，由远而近，由大而小，由鸟瞰而局部，镜头快速移动，逐渐聚焦，苍莽横空，气象森严，古朴遒劲。耳闻“鼓角”悲壮，目见“烽火”明灭，忆及孙、刘抗曹之事，赫赫军容，如在目前。词人心绪起伏，寄意恢复、图强自振之心可明。下片重在抒情，景为情衬。自古而今，再观眼前，寒气侵人，白露沾草，霜风过处，落木萧萧，一片惨淡秋容。然俊彦登楼，宾主谈笑，一洗萧瑟，再变爽朗。但“古今愁”焉能洗尽？羊祜镇守襄阳，志在灭吴，生前难偿夙愿；词人欲报国抗金，怎奈壮志难酬。家国之恨，身世之忧，感慨抑郁，又复不平。此词万感横集，慷慨激越，妙在跌宕，百转千回，笔力遒劲，意境壮阔，绝非泛泛咏楼写景之作，与苏轼《念奴娇·赤壁怀古》有异曲同工之妙。后来，张孝祥将此词书而刻之崖石。当时一同作陪的毛幵（字平仲）也有奉和之作《水调歌头·次韵陆务观陪太守方务德登多景楼》，可与此词对读。若干年后，辛弃疾《永遇乐·京口北固亭怀古》亦有登北固山多景楼，“千古江山，英雄无觅，孙仲谋处”的感慨。[①]

这年十一月，陆游还与好友韩元吉等人交游唱和。韩元吉，是陆游在临安圣政所时的挚友。此时，韩元吉新任鄱阳（今属江西）知州，回镇江探望母亲。故友重逢的喜悦，冲淡了陆游壮志难酬的郁闷。他们一起登山临水，饮酒赋诗，相从盘桓六十多天，得唱和诗三十首，并编成《京口唱和集》，陆游《〈京口唱和〉序》道：

> 呜呼，风俗日坏，朋友道缺，士之相与如吾二人者，亦鲜矣。凡与无咎相从六十日，而歌诗合三十篇，然此特其大略也。或至于酒酣耳热，落笔如风雨，好事者从旁掣去，他日或流传乐府，或见于僧窗驿壁，恍然

---

① 邓广铭笺注：《稼轩词编年笺注》（增订本），上海古籍出版社1993年版，第553页。

不复省识者，盖又不可计也。润当淮、江之冲，予老，益厌事，思自放于山巅水涯，与世相忘。而无咎又方用于朝，其势未能遽合。则今日之乐，岂不甚可贵哉！予文虽不足与无咎并传，要不当以此废而不录也。

序言回顾二人结识、相交情景，表明作序缘由，一吐彼此倾心交游、结为莫逆的肺腑之言。相从之乐，情谊之真，文辞婉转，诵之令人神往。可惜唱和诗集并未流存下来，至今尚存的几首诗作有《无咎兄郡斋燕集有诗，末章见及，敬次元韵》《浣溪沙·和无咎韵》等。陆游还与韩元吉等踏雪观《瘗鹤铭》,《浮玉岩题名》说：

陆务观、何德器、张玉仲、韩无咎，隆兴甲申闰月二十九日，踏雪观《瘗鹤铭》，置酒上方。烽火未息，望风樯战舰在烟霭间，慨然尽醉。薄晚，泛舟自甘露寺以归。

陆游与韩元吉等相约，踏雪上焦山，观赏摩崖石刻。此前十一月，楚州、濠州、滁州等地沦陷于金国，和议已成定局。陆游与众人登上焦山，俯视滚滚长江奔腾，而江边烽火未熄，想起故土未复，壮志未酬，只能醉以抒怀。

乾道元年（1165）正月，韩元吉被召赴临安任考功郎，将离镇江，陆游为其送别而作和词《浣沙溪·和无咎韵》：

懒向沙头醉玉瓶，唤君同赏小窗明。夕阳吹角最关情。

忙日苦多闲日少，新愁常续旧愁生。客中无伴怕君行。

上阕寓情于景，委婉有致；下阕重笔写情，率直真诚。全词情真景真，自然而然，无做作之嫌、妆束之态。首二句以叙事起，写饯行之状。词人与韩元吉相处两个月，把臂同游，慨然尽醉。因此，在临别之际，二人并未饮酒话别，而是临窗览景，共话家常。“沙头醉玉瓶”化用杜甫《醉歌行》诗句，不着痕迹，浑如己出。“夕阳”句于闲处着笔，写所见之景，夕阳西下为目见，鼓角悲壮为耳闻，视听结合，将离愁融入哀景，胸中百感交集，却不点破，以意运词，情韵悠长。过片紧接歇拍意脉，抒发临歧感慨。忙里无暇，聚少离多，相逢不易，又要分别，旧愁未解，新愁又生，愁上加愁，短短数语，委婉细腻，将离愁别绪表现得淋漓尽致。“客中”句点明词旨，语直脉露，千种别愁，万般离绪，汇成一句临行嘱托，客中送客的不舍之情一览无余，真情流溢，亲切感人。

第九章 通判隆兴

改任隆兴

再遇故友

怀念家乡

陆游从镇江到隆兴，距离京城越来越远，心里的落寞也不断加深。眼前的现实，自身的处境，陆游只好睁开眼做白日梦。其心系中原、恢复长安的愿望，借梦境、诗酒托出。

乾道元年（1165）三月，陆游改任隆兴府（治今江西南昌）通判，距任镇江通判仅隔一年，七月底，陆游到任。

“隆兴”，不仅仿若对陆游个人命运的反讽，更像是对当时国势的反讽。取昌隆兴盛之意的“隆兴”，因“符离之败”与“隆兴和议”，逐渐滑向了卖国求和的境地。隆兴二年（1164），南宋与金和议，史称“隆兴和议”，这是继秦桧主导的“绍兴和议”之后又一次极其屈辱的和议。内容包括：南宋朝廷改“岁贡”为“岁币”，银、绢各减五万，为二十万两匹；除了割唐州（治今河南沁阳）、邓州（今属河南）、海州（治今江苏连云港海州区）、泗州外，再割商州（治今陕西商洛）、秦州（治今甘肃天水）与金。此外，还以“侄”侍金朝。隆兴，以宋朝俯首称臣落下帷幕，第二年即改元乾道。乾道是乾德、至道相和的意思，年号的转变也暗示着朝廷政策的转变，主和派完全占上风。

陆游从镇江到隆兴，距离京城越来越远，心里的落寞也不断加深。他自镇江乘船溯长江，西赴南昌，离开镇江时，友人在浮玉亭为他设宴饯行，陆游即席而作《浪淘沙·丹阳浮玉亭席上作》：

绿树暗长亭，几把离尊。阳关常恨不堪闻。何况今朝秋色里，身是行人。

清泪浥罗巾，各自消魂。一江离恨恰平分。安得千寻横铁锁，截断烟津。

浮玉亭在镇江府城西北郊，焦山脚下，长江岸边。词上阕借景抒情，写离亭送别时惆怅难舍之状，一“暗”字点出心中神伤。友人设宴，执盏话别，离愁别恨顿然生起，又闻《阳关》旧曲，曲调幽咽，更引离愁，于是醉不成欢。秋色凄清已堪伤，而自己身是行人，萧瑟凉秋与离别之苦重叠，愁情倍增。下片借用典故，依旧抒发离情别绪。“一江”句化用李煜《虞美人》“问君能有几多愁，恰似一江春水向东流”，以浩渺无际的江水喻愁，让送行者与行者双方平分一江离恨，想象新奇。“安得”二句更是想落天外，造境新警，借王濬灭吴之典，变化出新，用千寻铁锁横截烟津以留客，以健笔作硬语，立意峭拔。

与友人作别后，陆游乘船沿长江西上，途经望江（今属安徽），见四野平旷，江涛浩渺，心生茫然，《望江道中》自问：“吾道非邪来旷野，江涛如此去何之？”借《史记·孔子世家》典故，想到孔子当年因推行仁政而奔走旷野，继而感叹自身际遇，抒发苦闷、忧愤之情。

陆游任隆兴府通判，仍是闲官，通判是六品副职，辅助知府管理政务，同时执行监督任务。他的上司是绍兴二十三年（1153）主持锁厅试的主考官陈之茂。十二年前，陆游与秦桧之孙秦埙同科考试，陈之茂正直耿介，将有才华的陆游列为第一，秦埙次之，因此他对陆游有知遇之恩。此次，陆游再遇座师，感恩之情溢于言表，《上陈安抚启》："佐州北固，麦甫及于再尝；易地南昌，瓜未期而先代。虽千里困奔驰之役，幸一官托覆护之私。"明确表示谢意。

友情，是人生的调味品，艰辛岁月的安慰剂。任隆兴府通判期间，陆游遇到了两位老友。一位是李浩，是敕令所任职期间的同事，两人曾先后上言弹劾权贵杨存中，李浩因此被罢官归临川，陆游作《送李德远寺丞奉祠归临川》相送，挥泪分别友人。乾道二年（1166）春，陆游曾赴临川，与李浩邂逅于临川驿。五年暌隔，在将要分别之际，陆游作《寄别李德远》：

萧萧风雨临川驿，邂逅连床若有期。
自起挑灯贪夜话，疾呼索饭疗朝饥。
即今明月共千里，已占深林巢一枝。
惜别自嫌儿女态，梦骑羸马度芳陂。

此诗描写与老友意外相逢的场景，二人高兴非常，连床夜语。李浩家住秣陂，在临川城西十五里，陆游又随李浩省亲，至其家中，前后流连三日才返回南昌。偶然相见，再聚无期，陆游依依不舍。

另一位是志同道合的好友韩元吉。二人早年同朝为官，又有京口唱和之举，友谊深厚。陆游的境遇，韩元吉深感不平，故作《送陆务观序》：

以务观之才，与其文章议论，颉颃于论思侍从之选，必有知其先后者。既未获逞，下得一郡而施，亦庶几焉。岂士之进退必有时哉！

文中称赏陆游的才华，又为这种有才之士不得重用反遭贬弃而鸣不平。同时，他也从频繁调动官职的背后觉察到政权的急遽变化，因而发出“士之进退必有时”的感慨。其实，对于频繁调动和远迁之举，陆游自己也有所察觉，《上史运使启》写道：

佐州北固，麦甫及于再尝；地易南昌，瓜未期而先代。虽千里困道途之役，幸一官在部封之中。伏念某学本小知，器非远用，昨侵寻于薄宦，偶比数于诸公。除目虽频，不出百僚之底；骇机忽发，首居一网之中。谓

> 宜永放于穷阎，犹得出丞于近郡。复缘私请，更冒明恩。超超空凡马之群，实非能辨；默默反屠羊之肆，其又奚言。侥幸非常，惭惶莫谕。

“佐州北固，麦甫及于再尝；地易南昌，瓜未期而先代”两句，陆游在给座师（陈之茂）的信中也有提及，可见对于职位的调动，陆游满腹牢骚。而离京城越来越远的调动，也让他窥探到其中“骇机”。政治风云波涛汹涌，他情绪低迷，不免叹老嗟卑，苦闷之时，索性从故纸堆中寻求慰藉。《秋夜读书每以二鼓尽为节》说：“腐儒碌碌叹无奇，独喜遗编不我欺。白发无情侵老境，青灯有味似儿时。”二鼓，即二更，指夜里九时到十一时。他乡夜晚，诗人以“腐儒”自称而“叹无奇”，当道不明、才不见赏的感慨跃然纸上。“夜读”时，“白发”对“青灯”，“无情”对“有味”，“老境”对“儿时”，读书有味，沉浸其中，又感慨不已。

陆游现实中遭受挫折，读书尚不能遣怀时，便从梦境寻求解脱。《夜梦从数客雨中载酒出游，山川城阙极雄丽，云：“长安也。”因与客马上分韵作诗，得游字》写道：

> 有酒不谋州，能诗自胜侯。
> 但须绳系日，安用地埋忧。
> 射雉侵星出，看花秉烛游。

残春杜陵雨，不恨湿貂裘。

眼前的现实，自身的处境，陆游只好睁开眼做白日梦。在梦中，他看到中原收复，见到了汉唐盛世雄丽山川、煌煌城池，他还与朋友雨中载酒，畅游长安。现实不可言，梦中可超脱，所以其心系中原、恢复长安的愿望，借梦境、诗酒托出。

陆游还痴迷于道教，大谈道家吐纳服食之事，把传抄道家的典籍作为精神寄托。他重视搜集各类道教典籍，凡访求到善本，必设法亲自抄录。隆兴府玉隆万寿宫是著名道教寺观，藏有《道藏》一部，陆游从里面抄录《坐忘论》《造化权舆》《天隐子》《高象先金丹歌》《老子道德经指归古文》等道书，《跋老子道德古文》自言玉笈“藏道书二千卷”，以《老子道德古文》为首。所谓“玉笈”，即书斋“玉笈斋”，意为玉饰的书箱。宋代自真宗以来，道教特别盛行，徽宗更是自称为“教主道君皇帝”，上行下效，士大夫亦受其影响。陆游一家世代笃信道教，其高祖轸著有《修心鉴》一书，祖父陆佃、父亲陆宰都多方外之交。陆游崇尚道教，是受社会和家庭环境的双重影响，所以他每当遇到挫折，一时看不到前途时，读道书既是精神需求，也是缓解生存压力、安顿身心的一种方式。

隆兴北伐，曾经激发起多少南宋爱国志士的壮志豪情和恢复进取的梦想。然而，符离一战的结果，使孝宗朝再也不言举兵，使主战派遗憾终生。宦居生活的枯寂，让陆游思念起故乡

山阴,《上巳临川道中》描写梦中家园:

> 五更欹枕一凄然,梦里扁舟水接天。
> 红蕖绿芰梅山下,白塔朱楼禹庙边。

家乡的美丽山水不时闯入诗人梦乡,牵动着诗人的怀乡情思。陆游有好几次简直想整理行装,马上回故里闲居。殊不知,这种想法,即将实现。

第十章 罢归山阴

罢黜归乡
建造房屋
沉迷写作

陆游带着出生才几个月的第五子子约，一家人东归山阴故里。他用做官的俸禄修建了别业，希冀追求内心的宁静和自由。他陶醉于家乡的山水，于是写了许多诗词。

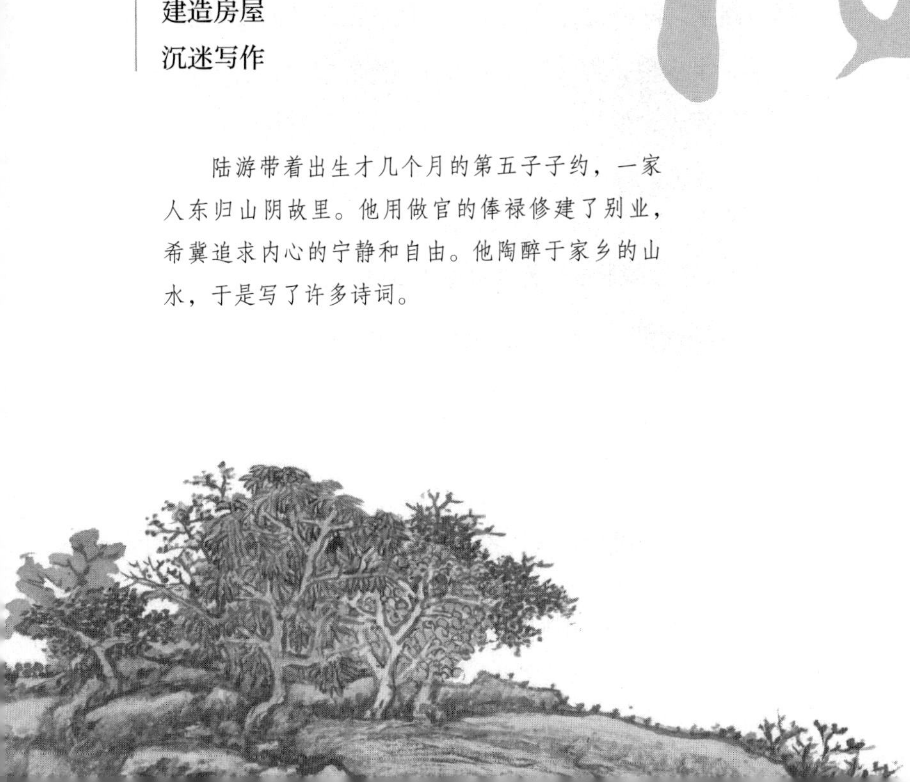

乾道二年（1166）三月，陆游调任隆兴府通判不久，便被冠以“交结台谏，鼓唱是非，力说张浚用兵”的罪名，罢黜归乡[①]。此时，朝廷已是主和派掌权，主战派的史浩被罢相、陈康伯去世，著名抗金将领张浚早已遗恨而死。陆游带着出生才几个月的第五子子约，一家人东归山阴故里。

回乡路上，陆游顺道在玉山（今属江西）访旧友尹穑、芮烨。尹穑，字少稷，为陆游任枢密院编修的旧识，后来紧跟汤思退。端午那天，他们一起观看龙舟竞渡，陆游作《重五同尹少稷观江中竞渡》：

> 楚人遗俗阅千年，箫鼓喧呼斗画船。
> 风浪如山鲛鳄横，何心此地更争先。

昔日僚友，异地重逢，诗人有感而发，言风浪之险，似有劝诫之意。

另外一位好友芮烨，字国器，与陆游同为国史编修史官同

---

① [元]脱脱等：《宋史》卷三九五《陆游传》，中华书局1977年版，第12058页。

僚，都是主战派，都受到秦桧迫害。陆游《过玉山，辱芮国器检详留语甚勤，因寄此诗，兼呈韩无咎右司》说："诗章有便犹应寄，禄米无多切莫分。"陆游拜访芮烨，芮烨以禄米赠送他，陆游因此作诗调侃。此次归家途中，陆游还以轻松的心情欣赏美景和田家乐。《初夏道中》写道：

> 桑间葚熟麦齐腰，莺语惺憁野雉骄。
> 日薄人家晒蚕子，雨余山客买鱼苗。
> 丰年随处俱堪乐，行路终然不自聊。
> 独喜此身强健在，又摇团扇著绨蕉。

诗人以生动的笔触描绘乡村初夏景象，写出农家的丰年喜庆。

其实，罢黜的结果，陆游心中早已洞见。在乾道元年（1165），陆游四十一岁时，便用京口俸禄建造十余间房屋，即"卜筑"三山别业，《家居自戒》其一说：

> 曩得京口俸，始卜湖边居。
> 屋财十许间，岁久亦倍初。
> 艺花过百本，啸咏已有余。
> 犹愧先楚公，终身无屋庐。

诗说明用做官的俸禄修建了别业，他希冀追求内心的宁静和自由。《不入城半年矣，作短歌遣兴》说："我居城西南，渺渺水云乡。舟车皆十里，来往道岂长。”提到三山别业具体方位为城西南十里处，在镜湖之畔三山。三山指石堰山、行宫山、韩家山三座小山丘，风景优美，十分宜居。据《嘉泰会稽志》载：“三山，在县西九里，地理家以为与卧龙冈势相连，今陆氏居之。尝发地得吴永安、晋太康古砖，疑昔人尝卜筑，或尝为寺观云。”[①]可见三山地势得天独厚，历史悠久。赵翼《陆放翁年谱》载：“先生《幽栖》诗自注：‘乾道丙戌，始卜居镜湖之三山。’而庆元三年《春尽遣怀》诗自注则云：‘予以乾道乙酉卜筑湖上。’盖乙酉买宅，丙戌罢官归，始入居之。”[②]镜湖即鉴湖，陆游自南昌罢官回山阴，开始定居三山，从此虽屡次出仕，但大部分时间为乡居，直至八十六岁去世。

陆游自称三山别业为“山房”“精庐”“草堂”，诗词中多写及，《山房》说：“四纪移家剡曲傍，自茨生草作山房。”《累日无酒亦不肉食，戏作此诗》说：“小筑精庐剡曲傍，枵然蝉腹与龟肠。”《白发》说：“萧萧白发濯沧浪，剡曲西南一草堂。”三山别业建筑规模有变化，最开始为十余间，在最多时有二十余间，虽本身并不宽敞，但格局很讲究。正门南门是大门，较为简陋，入门后为前庭，前庭后为正屋，称作南堂，陆游多有赋诗，如《南堂》《南堂夜坐》《南堂纳凉》等。南堂后面又有中庭，中庭

---

① [宋]沈作宾修，[宋]施宿等纂：《嘉泰会稽志》卷九，民国十五年景印嘉庆十三年刊本，第23页。

② [清]赵翼著，霍松林、胡主佑校点：《瓯北诗话》，人民文学出版社1963年版，第105页。

后又有堂，称作渔隐堂，其诗《渔隐堂独坐至夕》写道：

中庭日正花无影，曲沼风生水有纹。
三尺桐丝多静寄，一樽玉瀣足幽欣。

渔隐堂是他喜爱的斋名，一直使用了近四十年时间，并与其他斋名同时使用，以寄托其文化情怀。陆游选择天然入画的“水云乡”筑室安居，作为自己后半生安身之地，应是仔细考虑过的。

自隆兴府回到山阴后，陆游便开始了闲居生活，陶醉于家乡的山水而作超然之态。他写了许多描写田园风光和隐逸闲适生活的诗词，如作于乾道二年的《鹧鸪天》：

懒向青门学种瓜，只将渔钓送年华。双双新燕飞春岸，片片轻鸥落晚沙。

歌缥渺，舻呕哑，酒如清露鲊如花。逢人问道归何处，笑指船儿此是家。

上阕以言情起句，省去铺垫，以“邵平种瓜”之典直抒渔隐之志。但“懒向”二字表明自己无意效仿邵平隐居，只愿如寄情烟波的张志和那样，逍遥泽畔，归老渔樵。“双双”二句写泛舟所见，对仗工整，叠字新巧，笔调轻快，写景如画。“片片轻鸥”化用杜甫《小寒食舟中作》诗句“片片轻鸥下急湍”，信手拈来，如若己出，不露痕迹。燕飞春岸，鸥落晚沙，往来自如，更显词人内心惬意。过片“歌缥渺”三句承上，续写渔家之趣。词人载酒泛舟而游，缥缈渔歌与欸乃橹声相映成趣，酒味清醇，红鲊鲜美，突出渔隐生活的怡然自得，趣味盎然。结二句表达自己归隐之志，词人不只想泛舟湖上，更渴望以船为家，以云水为朋，以鸥鸟为伴，潇洒闲旷。可见归家之初，诗人内心平静。

《随意》写道：

随意上渔舟，幽寻不预谋。
清溪欣始泛，野寺忆前游。
丰岁鸡豚贱，霜天柿栗稠。
余生知有几，且置万端忧。

诗人随意出游所见美景，清晰地呈现在笔端。他从美景中领悟到自然规律，余生无几，抛却烦忧，顺其自然，随遇而安。

陆游热爱家乡，眷恋农家纯朴的生活，希望常常拄杖乘月、轻叩柴门，与农家共话桑麻。约在乾道三年（1167）初春，陆游写了《游山西村》：

莫笑农家腊酒浑，丰年留客足鸡豚。
山重水复疑无路，柳暗花明又一村。
箫鼓追随春社近，衣冠简朴古风存。
从今若许闲乘月，拄杖无时夜叩门。

农家丰收的喜悦和淳朴的民风使诗人感到无比欣慰。首联写游春情事，村民纯朴，热诚款待诗人，心灵美，人情美，与官场冷漠形成鲜明对照，表达了诗人眷恋乡村淳朴生活之情。颔联言境地之幽，写出心情。山回水转，“柳暗花明”，一明一暗，映照烘托，有层次，有动态感，是家乡江南山村水乡的优美画卷。此联写景中蕴含深刻哲理，有不尽之意，成为格言，脍炙人口，千古传诵，后人引用已远远超出文学范围。颈联由自然入人事，转写淳朴习俗之美，描绘出一幅社会风俗画：箫鼓喧闹，祈求丰年，洋溢着节日喜庆气氛，场面热闹，渲染出丰收之年农村欢悦景象，与市朝浮薄侈靡正好相反。尾联宕开一笔，以今后频来之约收束全诗，与首联紧相呼应，“夜叩门”三字，表现出诗人与农家感情深厚。全诗纪游、写景、抒情结合，虽没出现“游”字，却处处切“游”字，层次分明。清方东树评价说：“以游村情事作起，徐言境地之幽、风俗之美，愿为频来之约。”①

但仔细品味这一类诗歌，还是能隐隐体会到诗人内心的矛盾，他一方面向往乡村闲适生活，优美的环境、简单的人际关系，让刚刚在官场上遭受严重打击的陆游找到了安慰。另一方面，他又有困惑，得以闲居、咏叹闲居，是陆游不得已而为之的结果。此时的他，内心其实十分矛盾，再次试图以佛道精神寻求慰藉。陆游卜居镜湖新居的第二年，给自己的书室取名为“可

① [清]方东树著，汪绍楹校点：《昭昧詹言》，人民文学出版社1961年版，第460页。

斋”，并作《书室名可斋，或问其义，作此告之》，说明斋名的含义：

得福常廉祸自轻，坦然无愧亦无惊。

平生秘诀今相付，只向君心可处行。

“福祸相依”出自《道德经》，诗人在一阵痛苦郁闷之后，寻求道家精神，放下祸福得失的包袱，只向可处行，退居乡间，寄情山水，反而觉得很坦然，随遇而安，无处不可。士大夫处世无非“达则兼济天下”“穷则独善其身”，“兼济”和“独善”两端，诗人该如何自处，需要做心理上的调整。同年冬，《独学》说：“少年妄起功名念，岂信身闲心太平。”诗下自注：“《黄庭经》：‘闲暇无事心太平。’”在仕途上遭遇挫折时，他即以道家逍遥思想安慰自己，“心太平”追求的不只是“身闲”，更是“心闲”，是精神上的超脱。此外，还有《大圣乐》词：

电转雷惊，自叹浮生，四十二年。试思量往事，虚无似梦，悲欢万状，合散如烟。苦海无边，爱河无底，流浪看成百漏船。何人解，问无常火里，铁打身坚。

须臾便是华颠，好收拾形体归自然。又何须着意，求田问舍，生须宦达，死要名传。寿夭穷通，是非荣辱，此事由来都在天。从今去，任东西南北，作个飞仙。[①]

① 钱仲联、马亚中主编，陈桂声校注：《陆游全集校注》第12册，第221页。

陆游想用佛道思想来化解内心的失落，说已经看透寿天穷通，是非荣辱，从今以后要做个自由自在的飞仙，力图用寄情自然来塑造达观人生。

闲居并非本愿，超脱闲适仅是一时心态。出于爱国良知，陆游仍关心国家命运，《闻雨》写道：

慷慨心犹壮，蹉跎鬓已秋。

百年殊鼎鼎，万事只悠悠。

不悟鱼千里，终归貉一丘。

夜阑闻急雨，起坐涕交流。

诗人的慷慨壮志再次被唤起，风雨交加的夜晚，他感慨时光流逝、年华蹉跎，叹息怀才不遇、报国无门。乾道二年，《鹧鸪天》写道：

家住苍烟落照间，丝毫尘事不相关。斟残玉瀣行穿竹，卷罢黄庭卧看山。

贪啸傲，任衰残，不妨随处一开颜。元知造物心肠别，老却英雄似等闲。

词写报国无路、惆怅不平之情。陆游住在“苍烟落照”的美景中，竹林把酒，诗书漫卷，卧看行云，一如闲云野鹤。但在看似悠闲自在、无拘无束的欣然之态背后，是求“不自在”

而不能、欲“受拘束”而不得的苦闷。若真“丝毫尘事不相关”，又何须“斟残玉瀣”？其身处“不相关”之境，却实怀“仍相关”之心，胸中块垒，无法消解。王安石《浪淘沙令》“若使当时身不遇，老了英雄”，庆幸君臣相知，而陆游因朝廷心肠有别，只能眼看英雄老却，日渐衰颓，却依旧壮志难酬、报国无门，于是抱怨、失望、惆怅、无奈、悲慨、落寞，心意难平，无以言表。唯此一叹，方是胸中语、肺腑言，使人知前之优哉恬适、啸傲开颜不过是无奈之下的自我劝慰、聊以排遣，铁马冰河、抗金报国才是其真正的心之所向、九死不悔。

乾道三年，当主和派龙大渊、曾觌被陆游的好友陈俊卿等力奏其罪而被赶出朝廷的时候，陆游对此感到十分高兴，作《十月苦蝇》二首：

村北村南打稻忙，浮云吹尽见朝阳。
不宜便作晴明看，扑面飞蝇未退藏。

十月江南未拥炉，痴蝇扰扰莫嫌渠。
细看岂是坚牢物，付与清霜为扫除！

龙、曾二人被黜出朝廷的消息振奋人心，如同浮云吹尽而见朝阳，诗人身心舒畅。此时，一批忠勤体国的大臣渐次进入朝廷要害部门，一心为国的陆游又将有何种作为呢？

第十一章 入蜀记行

主战派东山再起

向老友求职

记录旅途风景

四年过去，陆游终于被起用。但因久病初愈，不堪远行劳顿，他等到了第二年初夏才赴任。从山阴到夔州，陆游沿途览山水名胜，逐日记下成为长达六卷的《入蜀记》。

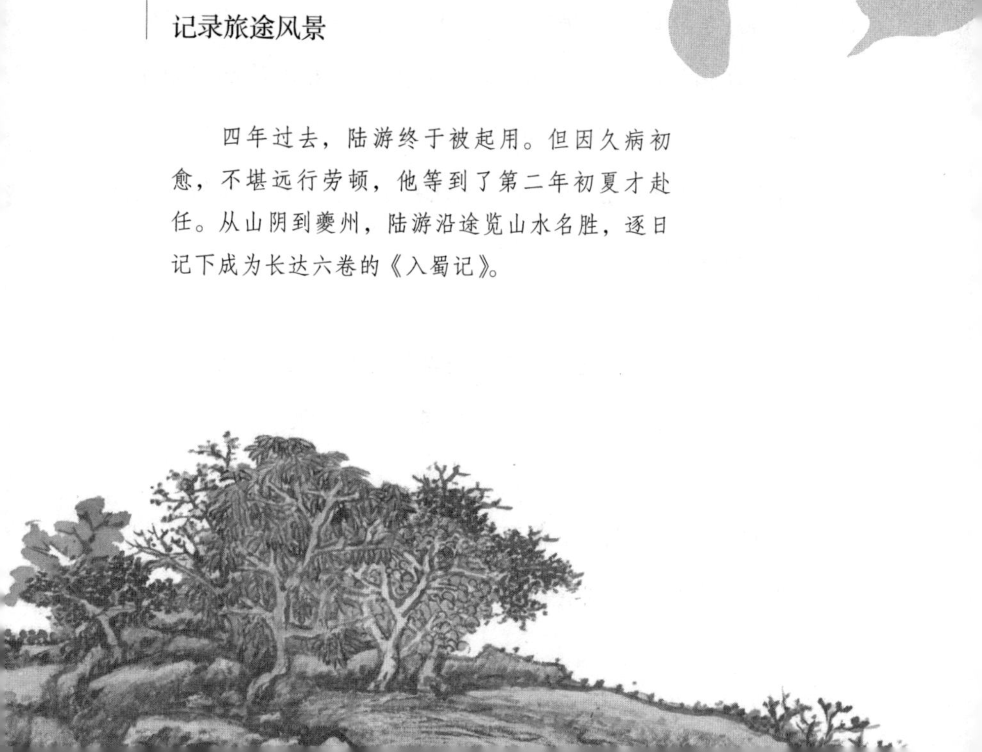

自乾道二年（1166）罢归，至乾道五年止，陆游已闲居在家四年。四年光阴，对一位胸怀大志的诗人来说，是无比遗憾的蹉跎。但光阴流转也带来了时局的转变。这期间，朝廷主战派又有崛起之势。

乾道四年，陆游的好友、一个同样有血性的忠臣陈俊卿出任右丞相。陈俊卿，字应求，莆田（今属福建）人。隆兴二年春，陆游在镇江时，陈俊卿在张浚幕府，以礼部侍郎参赞军事，过镇江时，常住在陆游的通判衙门。他们意气相投，“无日不相从”。得知老朋友陈俊卿出任右丞相，陆游立即写一封《贺莆阳陈右相启》，其中写道：

某孤远一介，违离累年。登李膺之舟，恍如昨梦；游公孙之阁，尚觊兹时。敢誓糜捐，以待驱策。

此时的陆游因家口日繁，又俸禄减少，贫困潦倒，难以自支。他写信给老友，希望能够得到朝廷任用，以解眼前窘迫，并重获报国机会。

乾道五年，虞允文被召回朝廷，同陈俊卿分别为左右丞相。虞允文，字彬甫，仁寿（今属四川）人，是采石矶同金国大战且获胜的名将。同一年，参知政事王炎出任四川宣抚使。朝廷里的一系列人事变动，身在故乡的陆游时刻关注，感觉到实现抱负的机会可能很快就要到来。

此年十二月，陆游等来夔州（治今重庆奉节）通判的任命。四年过去了，他终于被起用。但因久病初愈，不堪远行劳顿，陆游等到第二年初夏才赴任。

夔州距山阴千里迢迢，道路险阻，交通不便。陆游此行走的是水路，从山阴到镇江，转入长江航道，再逆流而上，过三峡到夔州。沿途经过建康府（治今江苏南京）、镇江（今属江苏）、太平州（治今安徽当涂）、江州（治今江西九江）、黄州（治今湖北黄冈）、鄂州（治今湖北武汉）、夷陵（今湖北宜昌）等地，然后到达夔州任所。陆游携家人走走停停，闰五月十八日从山阴启程，十月二十七日才到，一共走了一百六十天。

乾道六年（1170）闰五月二十日，陆游到达临安，再次逗留十天，探亲访友、游览西湖，至六月一日才动身北上。出发后，陆游心中百感交集，《投梁参政》写道：

浮生无根株，志士惜浪死。

鸡鸣何预人，推枕中夕起。
游也本无奇，腰折百僚底。
流离鬓成丝，悲咤泪如洗。
残年走巴峡，辛苦为斗米。
远冲三伏热，前指九月水。
回首长安城，未忍便万里。
袖诗叩东府，再拜求望履。
平生实易足，名幸污黄纸。
但忧死无闻，功不挂青史。
颇闻匈奴乱，天意殄蛇豕。
何时嫖姚师，大刷渭桥耻？
士各奋所长，儒生未宜鄙。
覆毡草军书，不畏寒堕指。

梁克家，字叔子，晋江（今福建泉州）人，绍兴三十年（1160）中状元，乾道六年新任参知政事，其文章浑厚温雅，在军事上颇有远见卓识。陆游途经临安，遂想登门拜访，写诗留念。他在诗中喟叹已近衰年，还要为生活所迫，万里奔波，入蜀为官。但蜀地作为战略要地，即便偏远，他仍然不忘国耻，希望自己能够追随霍去病、郭子仪那样的将军，为国效力，洗雪靖康之耻。

六月十日晚，他到达平江府（治今江苏苏州）枫桥寺。枫桥寺即寒山寺，唐时，因僧人寒山所住而得名。陆游行船到此，写下《宿枫桥》：

七年不到枫桥寺，客枕依然半夜钟。

风月未须轻感慨，巴山此去尚千重。

隆兴二年（1164），诗人任镇江通判时到过此地，距此时正好七年。七年来，枫桥寺世事变迁，诗人虽故地重游，但此时、彼时心态各异。姑苏城外的夜半钟声，也到达他的船头，诗人思绪纷飞，难以入眠。

在枫桥寺停留一晚后，陆游一路行船前往镇江。六月二十八日，陆游至镇江，在金山遇到阔别八年的好友范成大。范成大，字至能，吴县（今江苏苏州）人，他与陆游曾在圣政所共事，此次恰好奉命出使金国，与陆游在镇江偶遇，喜出望外。《入蜀记》载："奉使金国起居郎范至能至山，遣人相招食于玉鉴堂。"可知范成大在金山玉鉴堂宴请了陆游。

镇江是入长江航道的转折点。离开镇江，陆游沿长江而上，饱览沿途风光。七月十日，行至当涂（今属安徽），在李白墓前赋诗凭吊。当涂是李白的终老之地，三山矶、慈姥矶峻拔峭立，水势湍急，文人骚客多有吟咏。面对峻岩湍流、千古名人，陆游内心激荡不已，写下《吊李翰林墓》。

八月二日，船抵江州。陆游游览庐山，并取泉水煮茶，

《入蜀记》写道：

（乾道六年八月）十日，史志道饷谷帘水数器，真绝品也，甘腴清冷，具备众美。前辈或斥《水品》以为不可信；《水品》固不必尽当，然谷廉卓然，非惠山所及，则亦不可诬也。水在庐山景德观。

陆游对茶水深有研究，鉴别泉水优劣的能力很强，他认为无锡惠山寺的泉水不及谷廉水，能用朋友送他的“绝品”泉水煮茶品饮，诗人自然喜不自胜，难以忘却，至数年后煮茶还时时想起。

八月中旬，陆游抵达黄州。苏轼、张耒当年皆被贬黄州，陆游趁势游东坡，拜雪堂东坡像；继而访张耒所居竹楼。他又游赤壁矶，追古伤今，写下《黄州》：

局促常悲类楚囚，迁流还叹学齐优。
江声不尽英雄恨，天意无私草木秋。
万里羁愁添白发，一帆寒日过黄州。
君看赤壁终陈迹，生子何须似仲谋！

以楚囚、齐优自比，触景生情。陆游多年仕途失意，心志屡遭摧折，是非成败不由己，所以感叹“生子何须似仲谋”。

八月下旬，在鄂州，陆游遇到诗人章甫（字冠之），相偕访黄鹤楼，登石镜亭，怀古伤今，惆怅不已。作别章甫，他继续西行，来到荆州（今属湖北）。荆州在战国时是楚国的都城郢，陆游触景生情，追慕屈原，慷慨赋诗，作《哀郢》二首：

远接商周祚最长，北盟齐晋势争强。
章华歌舞终萧瑟，云梦风烟旧莽苍。
草合故宫惟雁起，盗穿荒冢有狐藏。
离骚未尽灵均恨，志士千秋泪满裳。

荆州十月早梅春，徂岁真同下阪轮。
天地何心穷壮士，江湖从古著羁臣。
淋漓痛饮长亭暮，慷慨悲歌白发新。
欲吊章华无处问，废城霜露湿荆榛。

“哀郢”本是屈原的作品题目，陆游借屈原旧题抒发自己的爱国情怀。他以历史兴衰对比眼前现实，由荒凉的旧都想到破碎的山河；由屈原的《离骚》想到自己壮志未酬。通过古今盛衰的强烈对比，抒发了痛惜、怨愤之情。

过荆州后，经巴东，入瞿塘峡，他终于在十月二十七日抵达夔州。从山阴到夔州，陆游沿途览山水名胜，考历史古迹，察风土人情，并逐日记下所见所闻，成为长达六卷的《入蜀记》。这是一部极具文学价值的日记体游记，纪昀评价说："游本工文，故于山川风土，叙次颇为雅洁。而于考订古迹，尤所留意……非他家行记徒流连风景记载琐屑者比也。"[①]此书内容丰富，以优美的笔调描述了在入蜀途中所见历史古迹，以生动的笔触记述风土人情、趣闻逸事，以简练的文笔考订史地碑文，以细腻的用笔抒发内心微妙的思想情感，颇为后人称道。

《入蜀记》语言简洁，文字优美，奇趣盎然。如：

> 八月一日，过烽火矶。南朝自武昌至京口，列置烽燧，此山当是其一也。自舟中望山，突兀而已。及抛江过其下，嵌岩窦穴，怪奇万状，色泽莹润，亦与它石迥异。又有一石，不附山，杰然特起，高百余尺，丹藤翠蔓，罗络其上，如宝装屏风……过澎浪矶、小孤山，二山东西相望。小孤属舒州宿松县，有戍兵。凡江中独山，如金山、焦山、落星之类，皆名天下，然峭拔秀丽，皆不可与小孤比。自数十里外望之，碧峰巉然孤起，上干云霄，已非它山可拟，愈近愈秀。冬夏晴雨，姿态万变，信造化之尤物也。但祠宇极于荒残，若稍饰

① [清]永瑢、纪昀主编:《四库全书总目》，中华书局1965年版，第529—530页。

以楼观亭榭，与江山相发挥，自当高出金山之上矣……又有别祠在澎浪矶，属江州彭泽县，三面临江，倒影水中，亦占一山之胜。舟过矶，虽无风，亦浪涌，盖以此得名也。昔人诗有“舟中估客莫漫狂，小姑前年嫁彭郎”之句，传者因谓小孤庙有彭郎像，澎浪庙有小姑像，实不然也。晚泊沙夹，距小孤一里。微雨，复以小艇游庙中，南望彭泽、都昌诸山，烟雨空濛，鸥鹭灭没，极登临之胜，徙倚久之而归。方立庙门，有俊鹘抟水禽，掠江东南去，甚可壮也。庙祝云：山有栖鹘甚多。

此段层次分明、动静结合，勾画出小孤山的秀丽景色。陆游以小孤山为中心，记叙描写小孤山、烽火矶、澎浪矶和一块无名独石，笔墨流畅，生动活泼。

作为一位饱学之士，陆游在描绘山川风光的同时，还对沿途各地的名胜古迹加以考订，表现出深厚的学养。这部分内容具有浓郁的文化意味和较高的文化品位。如考证瓜步山历史：

四日……过瓜步山，山蜿蜒蟠伏，临江起小峰，颇巉峻。绝顶有元魏太武庙，庙前大木可三百年。一井已眢，传以为太武所凿，不可知也。太武以宋文帝元嘉二十七年南侵至瓜步，建康戒严。太武凿瓜步山为蟠道，于其上设毡庐，大会群臣，疑即此地。王文公诗所谓“丛祠瓜步认前朝”是也。梅圣俞题庙云：“魏武败忘归，孤军驻山顶。”按：太武初未尝败，圣俞误以佛狸为曹瞒耳。山出玛瑙石，多虎豹害人，往时大将刘宝，每募人捕虎于此。周世宗伐南唐，齐王景达自瓜步渡江，距六合二十里设栅，亦此地也。

陆游以严谨的态度叙述瓜步山的历史沿革，指出梅尧臣题庙诗之误，言之凿凿，娓娓道来，将历史文化与自然景色融为一体。

陆游还以灵动的笔触，勾勒出一幅幅美丽、奇特的长江风俗画，记叙风土人情的片段，体现了他对生活的独特感受力。如：

六日甲夜，有大灯球数百，自湓浦蔽江而下，至江面广处，分散渐远，赫然如繁星丽天。土人云：此乃一家放五百碗以禳灾祈福。盖江乡旧俗云。

记叙江西民间放灯消灾祈福的祭祀习俗，“自”“至”二字，点出夜间湓浦江上放灯范围之大，“赫然如繁星丽天”，道出江面上碗灯之多之亮，寥寥数语便呈现出一幅壮丽的湓浦放灯图，行文生动多姿。

陆游还描绘沿途百姓的其他生活情态，从中可见他对生活的细微观察与细心品味。卷一写道：

> 八日……运河水泛溢，高于近村地至数尺。两岸皆车出积水，妇人儿童竭作，亦或用牛。妇人足踏水车，手犹绩麻不置。

寥寥数笔，勾勒出一幅妇人、儿童排水图。以“泛”“高”二语，便点出运河水涨对沿岸村庄造成的危害，“竭”字则再现妇人、儿童齐心协力的情景，“犹”与“不置”，更是道出妇人的勤劳，赞赏之情跃之于楮墨。

《入蜀记》也记录了沿途较有特色的民居、物产及服饰。卷三说：“十四日，次公安，古所谓油口也。汉昭烈驻军，始更今名。规模气象甚壮。兵火之后，民居多茅竹。然茅屋尤精致可爱。井邑亦颇繁富，米斗六七十钱。”兵灾之后，公安百姓以粗陋的茅竹建起“精致可爱”的茅屋，物产较富足，从中可以感受到当地百姓在艰难的环境中仍不放弃对美好生活的追求。“然”“尤”二字，亦将陆游的欣赏之情展露无遗。卷六以白描手法描绘了江渎北庙妇女特有的日常生活状况，她们汲水时：“皆背负一全木盎，长二尺，下有三尺，至泉旁，以杓挹水，及八分，即倒坐旁石，束盎背上而去。”卖酒时：“亦如负水状，呼买之，长跪以献。”数字和一系列动词的运用，将当地妇女汲水、卖酒的独特风貌呈现于读者眼前，画面感极强。在日常装束上，未嫁的女子“率为同心髻，高二尺，插银钗至六只，后插大象牙梳，如手大”，黄牛庙有的女子则“皆以青斑布帕首，然颇白皙，语音亦颇正”，语言简洁，生动如绘。

总之，《入蜀记》以诗人细致的眼光，淋漓尽致地刻画了长江沿岸的山川形胜、自然风光，成为南宋山水游记散文的典范之作。其中对许多名胜古迹的历史变革、地理风貌也多有详尽的考证，且“辨订亦多有根据”[①]，为人文地理学的研究提供了颇有价值的参考。陆游记行入蜀，开启了他人生的新篇章。

① [清]永瑢、纪昀主编：《四库全书简明目录》，上海科学技术文献出版社2016年版，第176页。

第十二章 通判夔州

抵达夔州
怀念杜甫
闲职冷官

夔州任上，陆游的主要工作是分管学事兼管内劝农事，虽是正八品官衔，但仍是闲官。陆游官闲身不闲，从未忘记国事，即使游览古迹，抗金收复之志仍时有显现。

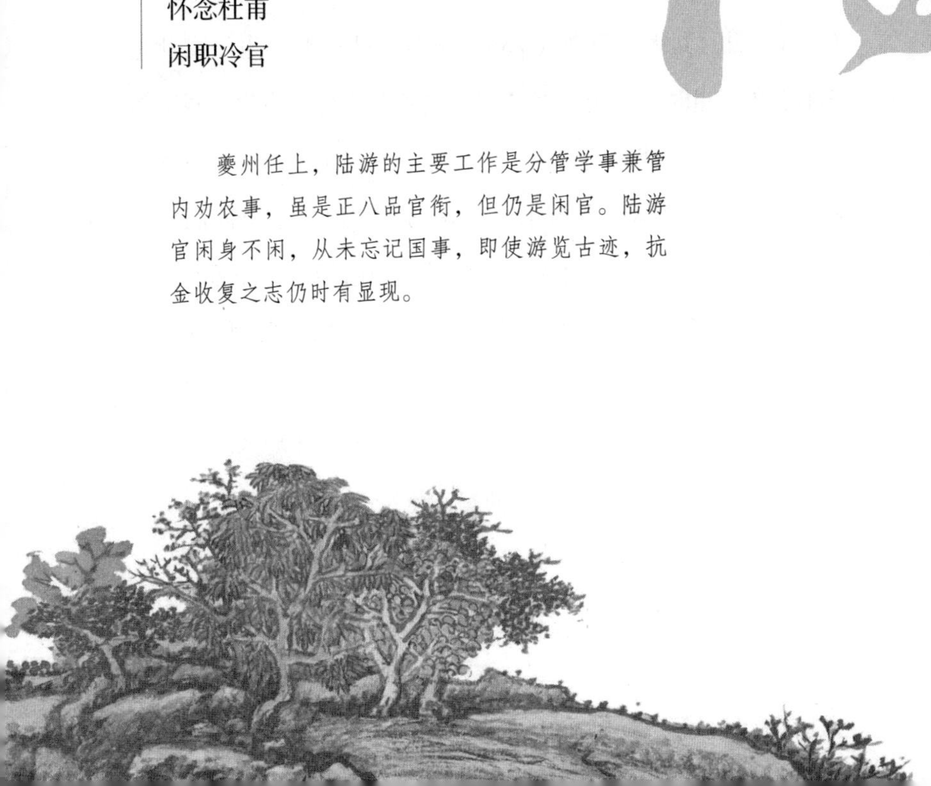

自乾道六年（1170）十月底，陆游携家小抵达夔州，到乾道八年（1172）二月止，虽然在夔州迎来送去三个新春，但实际任职仅一年又四个月。

夔州地处深山，僻远荒凉，人烟稀少，不但远离京城，也远离抗金前线，与陆游的报国志趣相去甚远。唐代宗永泰二年（766）四月到大历三年（768）正月，杜甫晚年也流寓此地三年之久。当时，杜甫身经“安史之乱”，死里逃生，艰苦备尝，患有风痹、肺病、疟疾、消渴等多种疾病。寓居夔州后，因水土不服，身体每况愈下，于是写下“潦倒新停浊酒杯”（《登高》）的诗句。陆游到夔州后，境遇相同、经历类似，他真正走近了杜甫的精神世界。他登白帝城，怀念杜甫，追寻杜甫的足迹，吟诵其诗句：“小臣议论绝，老病客殊方。”（《壮游》）每读至此，陆游往往潸然泪下，唏嘘感慨不止。乾道七年（1171）四月十日，他写下《东屯高斋记》：

予太息曰：少陵，天下士也。早遇明皇、肃宗，官爵虽不尊显，而见知实深，盖尝慨然以稷、契自许。及落魂巴蜀，感汉昭烈、诸葛丞相之事，屡见于诗。顿挫悲壮，反复动人，其规模志意岂小哉！然去国寖久，诸公故人熟睨其穷，无肯出力。比至夔，客于柏中丞、严明府之间，如九尺丈夫，俯首居小屋下，思一吐气而不可得。予读其诗，至"小臣议论绝，老病客殊方"之句，未尝不流涕也。嗟夫！辞之悲乃至是乎？荆卿之歌、阮嗣宗之哭，不加于此矣。少陵非区区于仕进者，不胜爱君忧国之心，思少出所学佐天子，兴贞观、开元之治；而身愈老，命愈大谬，坎壈且死，则其悲至此，亦无足怪也。

在夔州时期，杜甫生活潦倒，但精神世界却极为丰富，诗歌创作达到晚年创作高峰，全面深刻地反映了唐帝国由盛转衰的历史过程，鞭辟入里，入木三分。陆游此记推崇杜甫，视其为"天下士"，慨叹杜甫落魄巴蜀，寄人篱下，"思一吐气而不可得"，对其坎坷遭遇深表同情。同时，他深深地理解杜甫，对他爱君忧国、顿挫悲壮的诗歌推崇备至。此文"悲"杜甫的遭遇，不仅仅是在为杜甫而叹，更是在为自己而叹，是自悲不遇，故写得情真意挚，感人至深。

夔州任上，陆游的主要工作是分管学事兼管内劝农事，虽是正八品官衔，但仍是闲官。《通判夔州谢政府启》说："惟是鱼复之故城，虽号鸟蛮之绝塞，乃如别驾，实类闲官……亦每当占纸尾而谨书，岂有功劳，能自表见。”鱼复故城，即白帝城。陆游感叹自己“实类闲官”。当时，掌管夔州的上司王伯庠，字伯礼，章丘（今属山东）人，直言敢谏，抨弹所及，无丝毫顾忌，博览有识，善诗词。陆游和他交好，职事之余，一起寻梅赋词，陆游有《满江红·夔州催王伯礼侍御寻梅之集》。立春之日，陆游还为王伯庠赋《感皇恩》词祝寿。

因为官闲事简，陆游有时间游览夔州山水。《夔州府志》载，夔州闻名十二景是：赤甲晴晖、白盐曙色、瞿塘凝碧、峡门秋月、白帝层峦、草堂遗韵、鱼复澄清、武侯阵图、龙岗矗秀、文峰瑞彩、莲池流芳、滟滪回澜。陆游刚上任不久，便游览了瞿塘峡和白帝庙，并有诗词记事。《瞿唐行》写道：“千艘万舸不敢过，篙工柂师心胆破。人人阴拱待势衰，谁敢轻行犯奇祸。”面对险滩激流，船工无奈，只能等待水势渐衰，侧面写出瞿塘峡之险。

另一首《风雨中望峡口诸山，奇甚，戏作短歌》也写道：

白盐赤甲天下雄，拔地突兀摩苍穹。
凛然猛士抚长剑，空有豪健无雍容。
不令气象少渟滀，常恨天地无全功。
今朝忽悟始叹息，妙处元在烟雨中。
太阴杀气横惨淡，元化变态含空濛。

正如奇材遇事见，平日乃与常人同。

安得朱楼高百尺，看此疾雨吹横风。

峡口，指瞿塘峡。诗为歌行体，因诗句较少，故称“短歌”。前六句写瞿塘峡之险峻，起笔破空而来，赞美峡之雄伟，“凛然”二句忽作转折，遗憾其缺少“雍容”之态，引发“天地无全功”的慨叹，文势跌宕起伏。以豪健猛士作比，借人写山，想象奇特。“今朝”六句写回现实，借烟雨之妙抒发“奇材遇事见”之理，情景浑融，议论深刻，兼具苏轼《饮湖上初晴后雨》之美感与《题西林壁》之理趣。末两句想象更登高楼之上，看风雨横吹，颇有王之涣《登鹳雀楼》“更上一层楼”的气概，气象阔大，寓意深厚。全诗“东”“冬”韵邻韵通押，虚实结合，文势多变，极富层次美，意境雄浑，而不失灵动，比喻新奇，理趣横生。

陆游官闲身不闲，从未忘记国事，即使游览古迹，抗金收复之志仍时有显现。他游览白帝庙，作《入瞿唐登白帝庙》吐露心声：

晓入大谿口，是为瞿唐门。

长江从蜀来，日夜东南奔。

两山对崔嵬，势如塞乾坤。

峭壁空仰视，欲上不可扪。

禹功何巍巍，尚睹镌凿痕。
天不生斯人，人皆化鱼鼋。
于时仲冬月，水各归其源。
滟滪屹中流，百尺呈孤根。
参差层颠屋，邦人祀公孙。
力战死社稷，宜享庙貌尊。
丈夫贵不挠，成败何足论。
我欲伐巨石，作碑累千言。
上陈跃马壮，下斥乘骡昏。
虽惭豪伟词，尚慰雄杰魂。
君王昔玉食，何至歆鸡豚。
愿言采芳兰，舞歌荐清尊。

白帝庙，是蜀人祭祀公孙述之庙。东汉建武元年（25），公孙述占据蜀地，建元龙兴，因色尚白，改鱼复（今属重庆奉节）为白帝城，自号“白帝”。前十六句重在刻画瞿塘峡景象。首八句借“长江”“峭壁”突出瞿塘峡之险。“禹功”四句由江水联想到大禹治水之功，抒发对大禹的赞颂之情，“天不”二句用“顶真格”，流畅自然。“于时”四句写回现实，突出瞿塘峡冬季时水势之平静。后十六句重在叙述公孙述功绩。“参差”六句写其不屈不挠，为社稷力战而死。《后汉书》卷一三《公孙述传》载，公孙述自立为天子，尽有益州之地，兵甲数十万，积粮汉中，筑宫南郑，俨然是与刘秀对立的一大割据政权。实际上，当时刘秀也是割据政权，他数次致书公孙述，劝其投降，公孙述拒不投降，兵败被杀，故陆游写下“力战死社稷”之句。“上陈”四句对仗工稳。末四句指出“鸡豚”之祭祀并非公孙述所希冀，诗人希望采摘“芳兰”进奉，暗赞公孙述精神高洁。历史上的公孙述并无特别功绩，诗人对其大加褒扬，其实是借题发挥，钱仲联《剑南诗稿校注》按语：“放翁当南宋，以国君宜死社稷、义不降敌为言，颂公孙而实讽宋帝。”可见陆游登白帝庙，引用典故，主要目的是批判南宋主和派，强调抗战复土。

僻远之地，闲职冷官，怀才不遇，壮志难酬，愈加激发出陆游的思乡之情。《试院春晚》说：“此生飘泊何时已，家在山阴水际村。”《乡中每以寒食立夏之间省坟，客夔适逢此时，凄然感怀》写道：“守墓万家犹有日，及亲三釜永无期。”“每逢佳节倍思亲”，节日唤起了他更加浓厚的乡思。寒食节，诗人想到守墓不得，祭扫无着，凄然感怀。重阳佳节本是亲人团聚之日，他写下《夔州重阳》“山川信美吾庐远，天地无情客鬓衰”，感叹年华已逝、岁月老去。《晚晴闻角有感》说：“零落亲朋劳远梦，凄凉乡社负归耕。”《初夏怀故山》更回忆故乡生活：

镜湖四月正清和，白塔红桥小艇过。

梅雨晴时插秧鼓，苹风生处采菱歌。
沉迷簿领吟哦少，淹泊蛮荒感慨多。
谁谓吾庐六千里，眼中历历见渔蓑。

初夏，故乡山水引起诗人的思念之情。湖畔四月，天气晴朗，白塔红桥，静静伫立，湖面小艇轻轻游动。梅雨过后，阳光新照，江面的微风传来插秧的鼓声和采菱人的歌声。想象总是美好的，思及近况，画面一转，怀思的故乡在六千里之外，心中家乡的记忆愈发清晰，乡思之情喷薄而发。

在夔州任职期间，陆游由左奉议郎晋升为左承议郎。乾道七年秋天，陆游上司王伯庠离开夔州，赴永嘉新任。陆游作《蓦山溪》词为其送行，还为王伯庠作《〈云安集〉序》。在其中，陆游袒露心声：

乃因暇日，登临瞩望，徘徊太息，吊丞相之遗祠，想拾遗之高风，醉墨淋漓，放肆纵横，实为一代杰作。顾夔虽号大府，而荒绝瘴疠，户口寡少，曾不敌中州一下郡。如某辈又以忧患留落，九死之余，才尽志衰，欲强追逐公后而不可得。

陆游称赞上司王伯庠能够追咏诸葛亮、杜甫，风格淋漓慷慨、豪放纵横。

乾道八年（1172）初，陆游夔州通判任期将满，一家老小，生活再度陷入困境。陆游写下《上虞丞相书》，上书丞相虞允文，请求再谋一职：

某行年四十有八，家世山阴。以贫悴逐禄于夔。其行也，故时交友醵缗钱以遣之……一日禄不继，则无策矣。儿年三十，女二十，婚嫁尚未敢言也。某而不为穷，则是天下无穷人。伏惟少赐动心，捐一官以禄之，使粗可活；甚则使可具装以归，又望外则使可毕一二婚嫁。不赖其才，不借其功，直以其穷可哀而已。

正在陆游一筹莫展之际，四川宣抚使王炎来信招请陆游去他的幕府担任干办公事兼检法官。离任路上，陆游写下《酒无独饮理》：

酒无独饮理，常恨欠佳客。
忽得我辈人，岂计晨与夕。
少年事虚名，岁月驹过隙。
自从老大来，一日亦可惜。
糟丘未易办，小计且千石。
颓然置万事，天地为幕帟。
人生如刀砺，磨尽要有日。

不须荷锸随，况问几两屐。

此时陆游已四十八岁，感叹功业未就，人生若白驹之过隙，遂“老大伤悲”，借酒浇愁，在酣醉中“颓然置万事”，忘却一切烦恼。有酒愿与知己对酌，倾诉心曲，不计晨夕，真如刘伶“幕天席地，纵意所如”。“人生如刀砺”，“不见其损，有时而尽”，一切应顺其自然，随缘而安，何必要计较什么功名利禄、是非得失？于是乎，在醉眼蒙眬中，诗人高歌吟唱，踏上南郑从戎之路。

第十二章 南郑从戎

奔赴前线

出谋划策

迸发创作热情

经过一个月的长途跋涉，陆游顺利抵达南郑，来到王炎统率的征西大幕，从此真正走上南宋西北的抗金第一线。在南郑，陆游发挥自己的文韬武略，提出有效建议。

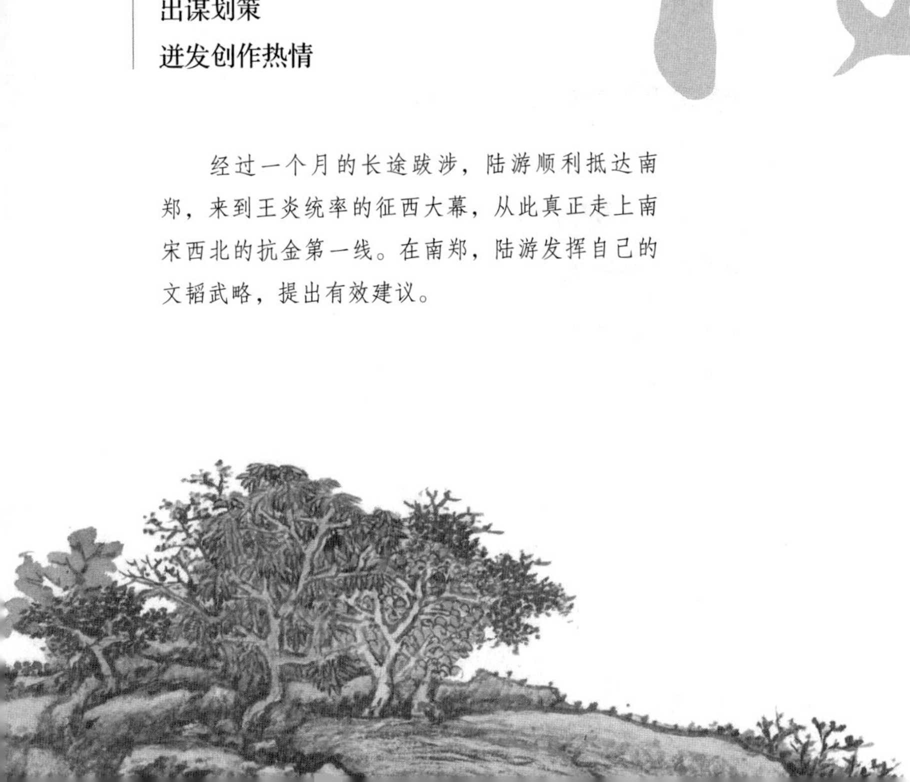

乾道八年（1172）二月，陆游只身离开夔州上道，途经梁山（今重庆梁平）、广安（今属四川）、益昌（今四川利州）等地，于三月抵达南郑（今陕西汉中），一路写诗三十首。有幸奔赴抗金前线，陆游极其兴奋，这在他从夔州赴南郑前线的诗词中可窥见一二。《饭三折铺，铺在乱山中》写道：

平生爱山每自叹，举世但觉山可玩。
皇天怜之足其愿，著在荒山更何怨。
南穷闽粤西蜀汉，马蹄几历天下半。
山横水掩路欲断，崔嵬可陟流可乱。
春风桃李方漫漫，飞栈凌空又奇观。
但令身健能强饭，万里只作游山看。

“三折铺”位于梁山，陆游奔赴南郑时在此处“打尖”。川、陕一带，正如李白《蜀道难》所描写的，道路艰险。但陆游此次赴南郑，从军之乐盖过了道途之苦，因而这首纪行诗写得潇洒轻松。诗人自言平生爱山，感谢皇天怜爱，满足了他看山心愿，即使奔波在崎岖山路，也不生怨恨。旅途的艰苦，诗人未置一词，兴奋心情却溢于言表。他终于踏上梦寐以求的南郑前线，乱山飞云、凌空峭壁不过是在为他助力。

三月十七日，经过一个月的长途跋涉，陆游顺利抵达南郑，来到王炎统率的征西大幕，从此真正走上南宋西北的抗金第一线。《读史方舆纪要》卷五十六《陕西五》记载，南郑“北瞰关中，南蔽巴、蜀，东达襄、邓，西控秦、陇”，作为军事要塞，地理位置异常重要，为宋、金必争之地。南宋初年，此地曾陷入金人之手，惨遭战火毁坏，城内到处颓垣残壁，荆棘从生，百姓流离失所。陆游初抵南郑时，只见这里已经慢慢恢复到战乱前的承平景象，平川沃野，麦陇青青，桑林郁郁，如绳大路，杨柳夹道。眼见如此胜景，陆游欣然赋《山南行》：

我行山南已三日，如绳大路东西出。
平川沃野望不尽，麦陇青青桑郁郁。
地近函秦气俗豪，秋千蹴鞠分朋曹。
苜蓿连云马蹄健，杨柳夹道车声高。
古来历历兴亡处，举目山川尚如故。
将军坛上冷云低，丞相祠前春日暮。
国家四纪失中原，师出江淮未易吞。
会看金鼓从天下，却用关中作本根。

山南，终南山之南。首四句写汉中道路笔直，原野平旷，物产丰富，交代地理、农业状况。“地近”四句写此地风俗豪健。“古来”四句写汉中历史遭际。刘邦、诸葛亮当初皆从汉中出兵，欲先取关中，统一天下，与陆游军事见解相近。末四句为全诗中心，点明经略关中的重要性，收束前文地理、风俗、历史描写，统率全诗，神完气足。全诗内容充实，脉络清晰，笔力刚健，语言流畅，抒发诗人初到南郑对山川形势的激赏、对有幸投身军幕的兴奋与欣喜之情。诗人又有《南郑马上作》：

南郑春残信马行，通都气象尚峥嵘。
迷空游絮凭陵去，曳线飞鸢跋扈鸣。
落日断云唐阙废，淡烟芳草汉坛平。
犹嫌未豁胸中气，目断南山天际横。

在南郑，陆游发挥自己的文韬武略。出师北伐，收复中原，是他一直以来的愿望。为了实现此愿，陆游积极出谋划策，建议王炎加紧练兵，囤积粮草，严密防守，遇到敌人挑衅就借机出兵。《宋史·陆游传》载：“游为（王）炎陈进取之策，以为经略中原，必自长安始；取长安，必自陇右始。当积粟练兵，有衅则攻，无则守。”之前，陆游一直希望南宋王朝迁都建康，从江淮进兵北伐。到南郑后，通过实地考察，他改变了以往的想法，认为“师出江淮未易吞”，而应当依托关中侧面进攻，强调关中才是收复中原的“本根”之地。这一看法，有识之士张浚、虞允文等都曾提过。

军中生活激发了陆游的创作热情，爱国思想得到升华，诗词创作得到质的飞跃。清赵翼《瓯北诗话》说“放翁诗凡三变”，大致是少工藻绘、中务宏肆、晚造平淡三个阶段的转变。[①]陆游诗歌可分为三个阶段：早期是四十六岁入蜀前，中期是四十六岁到六十五岁入蜀及东归宦游的二十年，晚期是退居山阴的二十年。三个阶段中，入幕从军是陆游诗歌转变的关键时期，他也认识到这一点，《九月一日夜读诗稿有感，走笔作歌》写道：

我昔学诗未有得，残余未免从人乞。
力孱气馁心自知，妄取虚名有惭色。
四十从戎驻南郑，酣宴军中夜连日。
打毬筑场一千步，阅马列厩三万匹。
华灯纵博声满楼，宝钗艳舞光照席。
琵琶弦急冰雹乱，羯鼓手匀风雨疾。
诗家三昧忽见前，屈贾在眼元历历。
天机云锦用在我，剪裁妙处非刀尺。
世间才杰固不乏，秋毫未合天地隔。
放翁老死何足论，广陵散绝还堪惜。

---

① [清]赵翼著，霍松林、胡主佑校点：《瓯北诗话》，人民文学出版社1963年版，第78页。

此诗作于光宗绍熙三年（1192）秋，陆游时年六十八岁，即是说，他用五十多年的诗歌创作生涯，认识到了决定诗歌创作生命的是生活，而这个认识是从当时南郑的军中生活得到的。此后，他将自己所知所悟传授儿孙，如《冬夜读书示子聿》："纸上得来终觉浅，绝知此事要躬行。"《示子遹[①]》："汝果欲学诗，工夫在诗外。"实践能出真知。

武略才能方面，陆游换上戎装，跨上战马，驰骋在汉水两岸，奔波于秦岭南北，从南郑附近的各处关隘前沿，到三泉（今陕西宁强）、利州（今四川广元）、葭萌（今四川昭化）、阆中（今属四川）等地，都留下足迹。在四川宣抚使幕下，他常常奉命外出视察，奔波于虎豹出没的荒山野岭之间。《太息·宿青山铺作》二首其一写道：

太息重太息，吾行无终极。
冰霜迫残岁，鸟兽号落日。
秋砧满孤村，枯叶拥破驿。
白头乡万里，堕此虎豹宅。
道边新食人，膏血染草棘。
平生铁石心，忘家思报国。
即今冒九死，家国两无益。

① 子遹：又作子聿。

中原久丧乱，志士泪横臆。
切勿轻书生，上马能击贼。

乾道八年九十月间，诗人到阆中视察，执行军务，途经苍溪青山铺（在今四川广元）写下此诗。首二句以叹息声引人注意，后解释叹息原因，整日四处奔波，此次宿住青山铺，羁旅愁绪应有缓解，然而果真如此?“冰霜”八句承上而来，写留宿青山铺所见、所闻、所感——冰霜、哀鸣、秋砧、孤村、落叶、破驿、虎豹、膏血、野草，一派萧瑟，荒凉险恶，描绘生动，历历在目，这荒寒景象令诗人愁思大增。“平生”八句转抒己志，诗人有“忘家思报国”的雄心壮志，因此终日冒着生命危险往来奔波。他盼望到前线战场，“上马能击贼”，充分发挥文韬武略，希望借此能实现收复故土的理想。全诗抒情、写景、叙事、言志熔于一炉，沉郁中蕴含刚健。

在阆中，他还渡嘉陵江，登锦屏山去拜谒杜甫祠堂。山川寂寞，草木摇落，回来的途中又是夜雨纷飞，万窍争号。陆游心有触动，慨然赋《游锦屏山谒少陵祠堂》，感怀杜甫：

城中飞阁连危亭，处处轩窗临锦屏。
涉江亲到锦屏上，却望城郭如丹青。
虚堂奉祠子杜子，眉宇高寒照江水。
古来磨灭知几人，此老至今元不死。

山川寂寞客子迷，草木摇落壮士悲。
文章垂世自一事，忠义凛凛令人思。
夜归沙头雨如注，北风吹船横半渡。
亦知此老愤未平，万窍争号泄悲怒。

锦屏山，在嘉陵江南岸，与阆中城隔江相对。首四句用“青”韵，写由城至山，由山观城，照应题目“游锦屏山”，“丹青”设喻巧妙。“虚堂”四句换为“纸”韵，写杜甫“眉宇高寒”，精神“不死”，映衬其高俊人格。从形、神两处着笔，关合题目“谒少陵祠堂”。“山川”四句，由杜甫身后之事生发感慨，“山川寂寞”“草木摇落”暗喻唐王朝风雨飘摇，由盛而衰，突出杜甫“迷”“悲”之情。“文章”二句点明“忠义”，可见陆游心期所在。末四句，由归途北风吹雨之景联想至杜甫“悲怒”之情，关合现实与历史，虚实相生，境界深沉。全诗移步换景，以实带虚，虚写为主，明写杜甫“忠义”“悲怒”，暗喻自己慷慨之气，情感激荡。

身在前线，陆游还亲身参加过敌我双方互相试探虚实的小规模战斗。淳熙十二年（1185）冬，他在山阴所作《江北庄取米到，作饭香甚，有感》写道：

我昔从戎清渭侧，散关嵯峨下临贼。
铁衣上马蹴坚冰，有时三日不火食。

山荞畬粟杂沙磣，黑黍黄穈如土色。

飞霜掠面寒压指，一寸赤心惟报国。

铁衣上马、雪夜掠渡，陆游终于有机会实现夙愿，驰骋疆场，为国杀敌。行军在外，多日无法生火做饭，只能吃些冰冷的干粮充饥。但这样的生活，对于胸怀大志的陆游而言，根本不算什么，收复中原才是大事。

军中的生活是豪迈的，巡逻战斗之外，陆游还和将士们一起围山打猎。从某种程度上说，打猎具备军事训练的功能，是一种军事演习，可以锻炼士兵们的身手和胆量。陆游纵马扬鞭，豪情焕发，还亲手杀死一只猛虎。《十月二十六日夜，梦行南郑道中，既觉，恍然揽笔作此诗，诗成时且五鼓矣》自述："我闻投袂起，大呼闻百步。奋戈直前虎人立，吼裂苍崖血如注。"年近五旬的诗人居然挺戈刺虎，英雄气概、矫健身手，自己也觉得十分骄傲和自豪。

南郑八个月的军中生活，是陆游一生的辉煌时刻，往后岁月常常怀念。"念昔""忆昔""我昔""往者""最思""忽思"等词，频频见于其诗作中。

人生之苦，莫苦于理想之破灭。乾道八年九月，王炎接到回京诏令。十月下旬，等陆游回到宣抚司时，幕僚早已星散，征西大幕宣告结束。而上司王炎自汉中罢归后，被人弹劾落职。同年十一月，陆游也被调离南郑，改除成都府参议官，途经剑门关，作《剑门道中遇微雨》：

衣上征尘杂酒痕，远游无处不消魂。
此身合是诗人未？细雨骑驴入剑门。

剑门，即剑门关，在今四川剑阁北。据《大清一统志》载，大剑山在剑州北二十五里，削壁中断，两崖相嵌，如门之辟，如剑之植，故又名剑门山。剑门是大、小剑山中断处，两旁断崖峭壁，峰峦似剑，两侧山壁对峙如门，是由陕入蜀通道与天然关隘，被称为“天下第一关”。写作此诗时，陆游带着悲愤心情，被动离开“铁马秋风大散关”（《书愤》）的战地生活，回到繁华都市做闲官。此行是由前线到后方，由战地到都市，去危就安，去劳就逸。诗人积极主张抗金，恢复中原，但英雄无用武之地，满腹遗憾，郁闷痛苦无法排解，只有借酒浇愁。长路漫漫，风尘仆仆，衣服满是灰尘和杂乱的酒渍，诗人心神黯淡，苦涩落寞。所谓“客愁多在雨声中”（汪元量《邳州》），细雨连绵，渲染出伤感情绪。“细雨骑驴入剑门”，如一幅写意画，不尽之意见于言外，有意境美，含蓄表达报国无门、悲愤抑郁情怀。骑驴吟诗，不是诗人初衷，心有不甘，不禁自问：难道只该一直做个诗人？自问自答，问得奇，答得妙，自嘲、自叹，故作诙谐。诗作构思新颖，别出心裁，笔墨简淡，情致深婉。

第十四章 蜀中宦游

心情郁闷
辗转蜀中
借酒忘忧

十一月底，陆游抵达成都。此时，他只是一个闲官，无事可做，便“日日得闲游”，访名胜，赏山水，甚至纵情酒馆歌楼，表面上诗酒风流、放纵不羁，内心却痛苦郁悒。

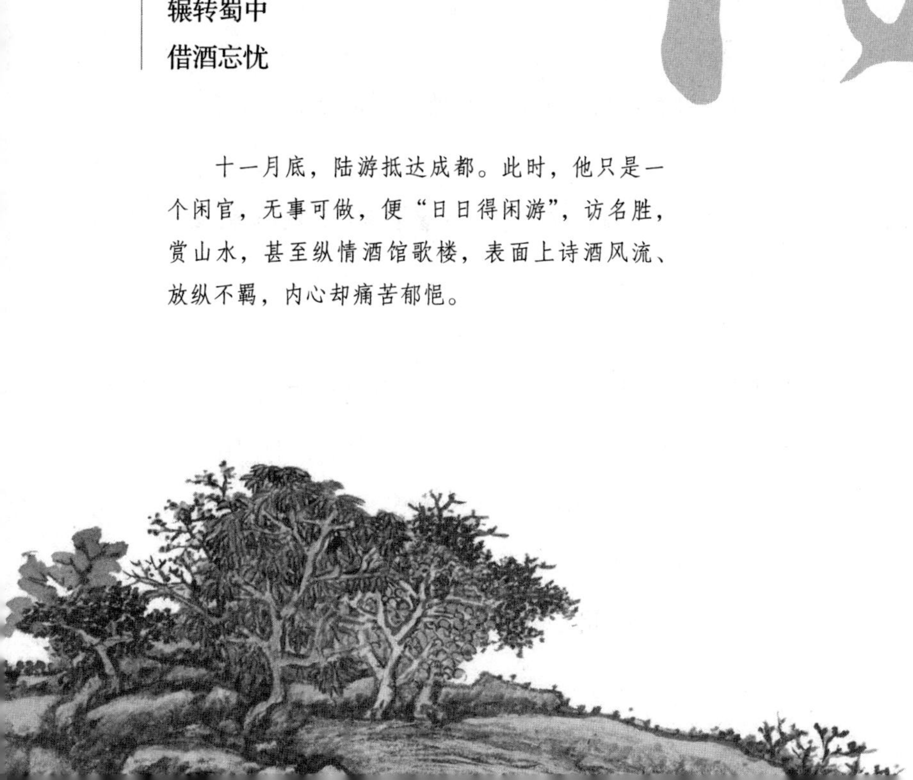

乾道八年（1172）十一月二日，怀着惆怅的心情，陆游离开南郑，前往成都赴任。他沿着唐玄宗避“安史之乱”的蜀道入川，行至一个重要的驿站——葭萌驿，南郑从军时，陆游因公务多次路过这里。此次心境却不比从前，《清商怨·葭萌驿作》写道：

江头日暮痛饮，乍雪晴犹凛。山驿凄凉，灯昏人独寝。

鸳机新寄断锦，叹往事、不堪重省。梦破南楼，绿云堆一枕。

黄昏日暮，积雪生寒，山驿凄凉，陆游借酒浇愁。孤寝灯暗，梦醒后，感伤凄楚涌上心头。借男女遇合的“比兴”手法，将身世之感并入艳情，悲愤、沉痛、凄凉，此次调任让诗人感到非常失落。

十一月底，陆游抵达成都。此时，他只是一个闲官，无事可做，便“日日得闲游”，访名胜，赏山水，甚至纵情酒馆歌楼，表面上诗酒风流、放纵不羁，内心却痛苦郁悒。次年春，他作《汉宫春·初自南郑来成都作》抒怀：

羽箭雕弓，忆呼鹰古垒，截虎平川。吹笳暮归野帐，雪压青毡。淋漓醉墨，看龙蛇、飞落蛮笺。人误许，诗情将略，一时才气超然。

何事又作南来？看重阳药市，元夕灯山。花时万人乐处，欹帽垂鞭。闻歌感旧，尚时时、流涕樽前。君记取，封侯事在，功名不信由天。

此词通篇采用对比手法，以今昔生活、“万人乐处”与词人“流涕”形成鲜明对照，力表悲慨之情、豪壮之气。往昔的汉中生活，呼鹰截虎，野帐醉书，转瞬间已成过去；而今锦城为官，灯山花时、歌管美酒，换来的却只是流涕樽前。由豪迈军旅到闲散优游，由意气风发到有志难伸，更兼人乐而我悲之境，两相对照，更见词人之悲。但结处宕开，抑而后扬，以苦为乐，并未消沉。他认为破敌功名，事在人为，仍怀必胜信念，豪情壮志尽在胸中。

不久，陆游受命担任蜀州通判，常往来成都、蜀州之间。如淳熙元年夏，他自蜀州至成都，寓居客栈，作《寓驿舍》：

闲坊古驿掩朱扉，又憩空堂绽客衣。
九万里中鲲自化，一千年外鹤仍归。
绕庭数竹饶新笋，解带量松长旧围。
惟有壁间诗句在，暗尘残墨两依依。

诗人辗转蜀中，数次落脚成都，此为第三次，故地重游，悲从中来。首联叙事、描物，坊“闲”堂“空”相呼应，又以“朱扉”反衬，尽显寂寥气氛；“绽客衣”用汉乐府《艳歌行》典故，更添漂泊之悲。颔联笔锋一转，用《庄子·逍遥游》鲲鹏奋翅飞天、《搜神后记》丁令威化鹤归辽两个典故，表达理想追求和故地重游、物是人非的感慨。颈联由远及近，由静及动，由虚到实，见眼前树木长大，暗喻岁月不居，功业无成。尾联场景回归室内，“依依”二字不仅描摹尘埃飘浮不定、墨迹黯淡模糊之状，更蕴含心中深远绵愁，恍若往日蹈厉皆已消散入暗尘残墨之感。鹏飞鹤举，我独闲居，此一重悲；树犹如此，人何以堪，此二重悲；物是人非，旧迹残败，此三重悲。全诗寓情于景，未直接抒情，而忧伤感慨尽在不言中。

这年秋天，诗人五十岁，寓居成都古寺多福院，又作《长歌行》：“人生不作安期生，醉入东海骑长鲸。犹当出作李西平，手枭逆贼清旧京。”国仇未报，而壮士渐老，客居古寺，生活看似静美，实则闲散无聊，诗人身在寺中，心在前线。诗中用安期生与李西平典故对比，委婉表明他十分想念南郑从戎生活，想有所作为，又无从入手。诗句虽有痛苦牢骚，却不消沉，有愤怒狂放却不失豪壮。

乾道九年（1173）夏至淳熙元年（1174）春，陆游摄知嘉州（治今四川乐山）。嘉州在成都南部，比蜀州离成都远一些，不过，嘉州的景物却更新奇，有著名的凌云大佛，唐代边塞诗人岑参曾任嘉州刺史，称“岑嘉州”。陆游自少酷爱岑诗，因此在嘉州暂时找到了精神寄托。秋天，陆游夜读岑参诗，作《夜读〈岑嘉州诗集〉》：

汉嘉山水邦，岑公昔所寓。
公诗信豪伟，笔力追李杜。
常想从军时，气无玉关路。
至今蠹简传，多昔横槊赋。
零落财百篇，崔嵬多杰句。
工夫刮造化，音节配韶頀。
我后四百年，清梦奉巾屦。
晚途有奇事，随牒得补处。
群胡自鱼肉，明主方北顾。
诵公天山篇，流涕思一遇。

首二句点明地点，写岑参曾为官嘉州。“公诗”二句评价岑诗，赞其诗豪伟，直追李、杜。后称岑参从军，气壮山河，艰难险阻，视之若无。岑诗流传至南宋，零落散失，不足百篇，但多格调雄奇，巧夺天工，音律优美，气势非凡。“我后”二句表现钦佩和景仰，向往其人，形于梦寐，愿服侍左右，钦慕之情溢于言表。“晚途”二句写自己摄知嘉州，关合开篇。最后四句抒发感慨，“近闻索虏自相残”（《闻虏乱有感》），诗人渴望能像岑参一样“一身从远使，万里向安西”（岑参《碛西头送李判官入京》），随军出征，击胡草檄，报效朝廷。此诗借岑参事言己志，语言质朴，气概豪迈，雄健中隐寓愤慨之情。

这时，陆游还把在南郑时所作的三十首诗编成《东楼集》。实际上，南郑时期是陆游诗风转变的重要阶段，所作远不止这三十首。他自述：“予山南杂诗百余篇，舟行过望云滩坠水中，至今以为恨。”《东楼集》现已佚失，仅存《〈东楼集〉序》，诗作均是些抒发山河破碎、壮志难酬的“悲歌”。

在此期间，他结识了何预、蔡迨、师浑甫、张功父、王季夷等好友，与师浑甫交情最厚。师浑甫，字伯浑，眉山（今属四川）人。有才气，善书法，能诗文，为隐士，终生不仕。陆游于乾道九年摄知嘉州事，途经眉山，与师伯浑相识，其后两人多有诗文往还，结下了深厚友谊。陆游有《夜游宫·记梦寄师伯浑》：

雪晓清笳乱起。梦游处、不知何地。铁骑无声望似水。想关河，雁门西，青海际。

睡觉寒灯里，漏声断、月斜窗纸。自许封侯在万里。有谁知，鬓虽残，心未死。

此词记梦兼赠答师伯浑。上片写梦境。“雪晓”句写所闻，“铁骑”句写所见，中间插入“梦游”句，既是点题，又使词之声情起伏顿挫。“想关河”三句，是对“不知何地”的回答，化虚为实，点明梦魂牵萦的是西北前线。下片写梦醒后的感慨，灯寒、漏断、月斜，点染凄寒寂寥的周边环境，衬托词人悲凉心境，又与梦里金戈铁马的沙场景象形成鲜明对比，造成强烈心理落差感。曾经自信能像班超那样在万里之外立功封侯，如今还未实现。虽然词人年事已高，头发变得稀疏，但杀敌报国信念依然坚定不移。然而，谁能明白词人雄心壮志，又有谁能赐予他建功立业的机会？陆游视师伯浑为知己，两人同为主战派，故陆游寄词以诉心曲。此词可与《〈师伯浑文集〉序》对读。

淳熙元年（1174）春天，陆游调回蜀州。入冬，再摄知荣州（治今四川荣县）。淳熙二年除夕，陆游又接到命令，催赴成都，任朝奉郎成都府路安抚司参议官兼四川制置使司参议官。六月，范成大任成都府路安抚使权四川制置使，陆游此次即在范成大幕府任职。他与范成大自镇江一别，已过去五年。

淳熙三年三月，臣僚讥弹陆游“燕饮颓放”，因而免官。

再次遭受挫折，他心情苦闷，自我解嘲，自号“放翁”，借酒浇愁，放浪形骸。陆游和范成大常一起饮酒酬唱，如《和范待制秋兴》三首其一说：“名姓已甘黄纸外，光阴全付绿尊中。”为国效力而不成，满腹无奈，于是尽付光阴于酒杯中。酒是诗人的良好伴侣，高兴时能借以助兴，难过时能借此痛饮，暂寄忧愁。

宦游蜀中时，陆游多次借酒消愁，写下不少醉酒诗篇，如《三月十七日夜醉中作》：

前年脍鲸东海上，白浪如山寄豪壮。
去年射虎南山秋，夜归急雪满貂裘。
今年摧颓最堪笑，华发苍颜羞自照。
谁知得酒尚能狂，脱帽向人时大叫。
逆胡未灭心未平，孤剑床头铿有声。
破驿梦回灯欲死，打窗风雨正三更。

诗用倒叙，前四句着墨往事，泛海“脍鲸”，海浪“如山”，雪夜“射虎”，雪虐风饕，往昔生活历历绘出，气韵沉雄，何其壮哉！然不及半年，诗人调回后方成都，华发苍颜，饱受挫折，心力交瘁。此二句与前四句对比强烈，更显颓丧失意。“谁知”句，笔锋突转，情感跌宕，借酒发狂态，于怅惘中重拾斗志，老臣怀抱跃然纸上。“逆胡”二句，与前句气脉相承，以孤剑床头铿然发声表达仍满怀壮志，期望能驱敌复土。结句以景作结，颇有弦外之音，悲壮中见浑厚。此外，《醉中感怀》《醉歌》《楼上醉歌》《对酒》《题醉中所作草书卷后》《江楼醉中作》等，都是借酒忘忧，但这只是片刻贪欢，借酒浇愁愁更愁。自己仕途失意，转而游戏酒场，豪饮纵横，无非是“蹭蹬不称意”的情绪发泄。狂放之余，诗人仍心有所守，寄情于酒，实则不忘“屡挥忧国泪”（《送范舍人还朝》）。

此时，陆游还有许多游宴、赠妓之词，如《汉宫春》（浪迹人间）、《柳梢青》（锦里繁华）、《朝中措·代谭德称作》《鹧鸪天·薛公肃家席上作》、《玉蝴蝶·王忠州家席上作》、《乌夜啼》（金鸭余香尚暖）、《水龙吟》（尊前花底寻春处）等。如《乌夜啼》其一：

金鸭余香尚暖，绿窗斜日偏明。兰膏香染云鬟腻，钗坠滑无声。

冷落秋千伴侣，阑珊打马心情。绣屏惊断潇湘梦，花外一声莺。

整阕写怀春女子的慵懒情态，兰香、云鬟、坠钗、绣屏，浓艳香腻，纤弱密丽，颇似花间词风，但不及《花间集》中天真烂漫、纤婉有致的优秀之作。

然而这种“燕饮颓放”的日子，陆游并未过多久。成都任上，他作《关山月》：

和戎诏下十五年，将军不战空临边。
朱门沉沉按歌舞，厩马肥死弓断弦。
戍楼刁斗催落月，三十从军今白发。
笛里谁知壮士心，沙头空照征人骨。
中原干戈古亦闻，岂有逆胡传子孙。
遗民忍死望恢复，几处今宵垂泪痕。

《乐府解题》：“《关山月》，伤离别也。”陆游创造性地运用乐府旧题写时事，巧妙紧扣关、山、月三字组织材料，表现主题。隆兴元年，宋军符离大败后，孝宗下“和戎诏”，与金国达成和议。至淳熙四年（1177），南宋朝廷仍苟且偷安，不思恢复。陆游积极主张收复失地，揭露、批评主和派，写有“和亲自古非长策”（《估客有自蔡州来者，感怅弥日》），“战马死槽枥，公卿守和约”（《醉歌》）的诗句。此诗感伤时事，借守边士兵口吻，谴责统治者妥协投降，将军们歌舞宴饮，不修武备，战士空怀壮志，老死沙场；遗民忍死盼恢复，泪尽胡尘，都是和议的恶果。诗人批判统治者，同情守边战士和金人统治下的遗民。以“和戎”句统领全篇，与下文诸种场景形成因果关系，描写三种人在月夜下不同境况，三个空间，构成三幅画面，将关、山、月连在一起，构思奇巧，立意深远，形象逼真。以月为线索，移步换景，把三个空间串联起来，非常有特色。四句一换韵，分别表达三个主题。统治者、守边战士、遗民对比，南宋朝与金朝对比，古今对比。“落”“月”“白”“发”皆为入声字。大手笔，具有高度概括性、典型性，是南宋社会缩影，是一幅悲壮的时代画卷。诗人沉痛悲愤之情充溢于字里行间，慷慨悲壮、沉郁顿挫，颇有“老杜”诗风。

淳熙四年六月，范成大奉诏还京，陆游一路相送至眉州，挥泪作别，写下《送范舍人还朝》：

平生嗜酒不为味，聊欲醉中遗万事。
酒醒客散独凄然，枕上屡挥忧国泪。
君如高光那可负，东都儿童作胡语。
常时念此气生瘿，况送公归觐明主。
皇天震怒贼得长，三年胡星失光芒。
旄头下扫在旦暮，嗟此大议知谁当？
公归上前勉画策，先取关中次河北。
尧舜尚不有百蛮，此贼何能穴中国。
黄扉甘泉多故人，定知不作白头新。
因公并寄千万意，早为神州清虏尘。

诗人位卑言轻，仍不忘将收复中原、一统山河之愿望委托挚友，“早为神州清虏尘”，言辞恳恳，令人动容。全诗言送别，但离愁之意浅，爱国之情浓，“谁怜爱国千行泪，说到胡尘意不平”（梁启超《读〈陆放翁集〉》），其情可悯，其志可嘉。

淳熙四年十月，陆游接到差知叙州（治今四川宜宾）调函，未及上任，又奉诏离蜀归朝。

第十五章 提举建安、抚州

踏上归途
报国期冀落空
忧愤悲怆

从成都出发，他一路顺江而下，登临览胜，怀古伤今，诗纪行踪。万里归来，陆游却被再次外放。多次调任，心情郁闷，闲居山阴，于诗酒酬答中，寻求精神慰藉。

淳熙五年（1178）春，孝宗诏书下达，命陆游返回临安。此时，陆游在蜀九年，然而除了南郑，再没有什么大的建树，只落得“拜赐头衔号放翁”（《放翁》）。此时，他本做好此生终老蜀中的打算，不料竟又有机会东归，不禁百感交集。难道是朝廷局势有了新转变，皇帝想起了自己？此去或许还能为国家尽力吧？于是，陆游怀着忐忑与期冀的心情乘船踏上归途。

从成都出发，陆游一路顺江而下，登临览胜，怀古伤今，诗纪行踪。船至归州（治今湖北秭归），适逢端午，谒屈原庙，作《楚城》怀古凭吊：

江上荒城猿鸟悲，隔江便是屈原祠。
一千五百年间事，只有滩声似旧时。

屈原祠临江而建，与楚江、楚城紧密相连，恰如屈原与楚国国运唇齿相依。千年前楚国民殷国富，而今唯见荒城，荒城本已凄凉，猿鸟悲啼，愈显其悲。猿鸟之悲，实是诗人之悲，诗人没有直抒己之悲情，而移情于猿鸟，情感含蓄而又百转千回。古往今来，登临怀古的至悲之情在于人事虽改，景物如旧。正是“人生代代无穷已，江月年年望相似”（张若虚《春江花月夜》），临楚城，听滩声，怅然之情油然而生。此诗有唐人风致，顾佛影评注《剑南诗钞》卷二说“唐人常语，宋人却少”[①]。此诗转承自然，情景交融，精于造境，既得唐诗之精髓，又融会宋诗章法，简素平淡之中，极见功力。

东归出峡，江面宽阔、江水平缓，陆游心情有所好转。行至夷陵（今湖北宜昌），有《初发夷陵》诗纪行。经公安县（今属湖北），泊舟公安渡头，写下《泊公安县》等。到金陵（今江苏南京），作《登赏心亭》，说“孤臣老抱忧时意，欲请迁都涕已流”。当年上疏迁都的事仿佛就在眼前。故地重游，回念往昔，前途未卜，诗人感叹生不逢时，壮志未酬。

秋天，历经半年之久，陆游抵达临安。孝宗召对，本打算留陆游在京担任朝官，但遭到权臣曾觌的反对。政局风云变幻，主战派陈亮因上疏论时政遭贬谪，礼部尚书范成大亦被罢职归乡，陆游报国期冀再次落空。万里归来，陆游却被再次外放，任命为提举福建路常平茶盐公事。他大失所望，随即回到

① [宋]陆游著，顾佛影评注：《剑南诗钞》上册卷二，上海中央书店1935年版，第64页。

山阴小住。年底启程赴任，路过江山（今属浙江），作《过灵石三峰》二首：

奇峰迎马骇衰翁，蜀岭吴山一洗空。
拔地青苍五千仞，劳渠蟠屈小诗中。

晓日曈昽雪未残，三峰杰立插云间。
老夫合是征西将，胸次先收一华山。

灵石三峰，又名江郎山，在今浙江江山市城南。山有三峰，峰上各有巨石。第一首，诗人出吴入蜀，看山无数，而吴山的秀丽与蜀岭的巍峨，与灵石三峰相比，都黯然失色。第二首，寓爱国情感于灵石风景。清晨曈昽雪光中，诗人心忧国事，由灵石三峰形貌联想到已沦陷敌手的华山三峰，以“征西大将”自许，收华山于胸次，表达扫清虏尘、收复失地的勃勃雄心。

十一月，陆游抵达建安（今福建建瓯）任所。此时，公务清闲，生活寂寥，他虽然时而也写一些慷慨激昂的诗歌，但内心充满痛苦，交织着仕与隐的矛盾。二十多年的宦海沉浮，他厌倦了官场，看淡了名利，向往起退隐江湖的生活来。倦于宦游羁绊之际，故乡山水给予诗人心灵慰藉，《思故山》写道：

千金不须买画图，听我长歌歌镜湖。
湖山奇丽说不尽，且复为子陈吾庐。
柳姑庙前鱼作市，道士庄畔菱为租。
一弯画桥出林薄，两岸红蓼连菰蒲。
陂南陂北鸦阵黑，舍西舍东枫叶赤。
正当九月十月时，放翁艇子无时出。
船头一束书，船后一壶酒。
新钓紫鳜鱼，旋洗白莲藕。
从渠贵人食万钱，放翁痴腹常便便。
暮归稚子迎我笑，遥指一抹西村烟。

诗以“吾庐”为核心，描写家乡秀美风物、悠闲驱舟出游、稚子相笑迎归等场景，表达对故土的眷恋之情。起四句开宗明义，直接点明故乡镜湖山水奇丽，可以入画，语带自豪，奠定全诗疏朗轻快基调。“柳姑”六句，分别对柳姑庙、道士庄、画桥、两岸、陂南陂北、舍东舍西六个场景进行描绘，既有生活画面，又有自然风貌，两两对仗，工丽严整，取景由远及近，展现镜头推移变换过程，令人有身临其境之感。“正当”十句转写乡间生活，以人物活动入画，画面由远及近，回忆“船头一束书，船后一壶酒。新钓紫鳜鱼，旋洗白莲藕”的闲居生活，表达思归之情，整个画面形象鲜活，富有生活气息。整首诗极富层次感，取故乡日常之景、物、人、事，似电影情节缓缓推进，有条不紊地展现对故乡的眷恋情思。

又值秋季，朝廷诏书再次下发，诏令陆游还都。建安位于福建的西北面，邻近著名的武夷山。陆游收拾行装，奉诏北返，从建安、建阳（今属福建）北上，经长汀驿，直奔崇安（今福建武夷山），他要趁着秋深气爽时节，顺道一游少年时代就向往的武夷山。行至崇安境内的黄亭镇，离武夷山还有四十里时，陆游就已经初睹武夷山面貌。及至游山，奇峰秀杰，乃作《游武夷山》《泛舟武夷九曲溪，至六曲，或云滩急难上，遂回》诸诗。一路北上，又达铅山（今属江西），驻足鹅湖，回顾往昔，心潮起伏，旅夜难眠，遂作长诗《鹅湖夜坐书怀》以南郑从军、返回成都、奉诏东归、游宦江南为脉络，总结半生经历。对南郑从军的回忆描写尤为详细：

昔者戍南郑，秦山郁苍苍。
铁衣卧枕戈，睡觉身满霜。
官虽备幕府，气实先颜行。
拥马涉沮水，飞鹰上中梁。
劲酒举数斗，壮士不能当。
马鞍挂狐兔，燔炙百步香。
拔剑切大肉，哆然如饿狼。
时时登高望，指顾无咸阳。

以大段笔墨铺写军中生活，壮志满怀，逸兴遄飞。而后，陆游经上饶、玉山等地到达衢州（今属浙江）。至衢州，陆游退居之心慢慢坚定，于是上奏朝廷，请求归田，住进皇华馆待命。

不久，孝宗诏书至衢州，调陆游提举江南西路常平茶盐公事，直接赴抚州（今属江西）上任，不必进京述职。行经弋阳（今属江西）道中，作《弋阳道中遇大雪》：

我行江郊暮犹进，大雪塞空迷远近。
壮哉组练从天来，人间有此堂堂阵！
少年颇爱军中乐，跌宕不耐微官缚。
凭鞍寓目一怅然，思为君王扫河洛。
夜听簌簌窗纸鸣，恰似铁马相磨声。
起倾斗酒歌出塞，弹压胸中十万兵。

全诗借大雪起意，抒发“报国欲死无战场”（《陇头水》）之情。起首即叙江郊赶路，日暮而不得歇息，隐有前路非所志，却不得已而奔波之意。年轻时就一心投军卫国，不屑蜗角功名，然而岁月荏苒，令人怅惘唏嘘。畅饮美酒，高歌《出塞》，却又不得不压抑雄心壮志，诗情郁悒苦闷。全诗两落两起，气象雄浑壮阔，奋起激荡中寓无奈悲慨，真是“辜负胸中十万兵，百无聊赖以诗鸣”[①]。

淳熙六年（1179）十二月，陆游到达抚州，主管钱粮仓库和茶盐专卖等事。淳熙七年仲夏，抚州一带连日大雨，江水暴涨，泛滥成灾，百姓多逃到山坡高地上避水。陆游见此情景，心急如焚，立刻上奏朝廷拨义仓赈济。他还亲自督率吏卒，用小船运粮米到灾民聚集处。水灾情形及整个抗灾过程，诗人都记在《大雨逾旬，既止复作，江遂大涨》一诗中。陆游还令抚州各地方官给灾民发放粮食。《寄奉新高令》说：“九重屡下丁宁诏，此责吾曹未易逃。”救民于水火，他认为是为官者应负的责任。

在抚州任上，虽簿书丛杂，公务纷繁，但陆游不忘忧时虑国，所作《初秋》《碧海行》《秋思》等，都抒发了对收复失地的期盼之情。政事余暇，他多次登览名胜拟岘台，一连写下《拟岘台观雪》《登拟岘台》《雨后独登拟岘台》《冒雨登拟岘台观江涨》《秋晚登拟岘望祥符观》《登拟岘》《别张教授归，独登拟岘》七首诗。《登拟岘台》说：

层台缥缈压城闉，倚杖来观浩荡春。

放尽樽前千里目，洗空衣上十年尘。

① 梁启超著，汤志钧、汤仁泽编：《梁启超全集》第17集《诗文》，中国人民大学出版社2018年版，第583页。

萦回水抱中和气，平远山如酝藉人。

更喜机心无复在，沙边鸥鹭亦相亲。

拟岘台为宋仁宗嘉祐二年（1057）州守裴材所建，曾巩作《拟岘台记》，王安石作《为裴使君赋拟岘台》，后成为江南名胜。诗人登上高耸的拟岘台，放眼春光之盛、天宇之广，顿感心胸开朗，洗净十年征尘，也洗净心中郁闷愁苦。继而赋予江水、峰峦、鸥鹭以人的意志和情思，将对山水的情感体验外化为看水中和、看山蕴藉，奇譬妙喻，冲淡平和之气尽显，表现出旷达自适的人生态度。王国维《人间词话》说："有我之境，以我观物，故物皆著我之色彩。"[①]此联正是"有我之境"的写照。

这年冬天，陆游又被召回临安。他自弋阳取道衢州，到达寿昌（今浙江建德）界，得旨，许免入奏，仍旧除外官，作律《行至严州寿昌县界得请许免入奏，仍除外官，感恩述怀》。

淳熙八年（1181）三月，陆游提举淮南东路常平茶盐公事。不久，被给事中赵汝愚弹劾，遂罢职闲居。此次他被弹劾的理由是"不自检饬，所为多越于规矩"[②]，与罢免蜀官时的"燕饮颓放"如出一辙。而自陆游出蜀东归后，诽谤之语渐

① 王国维著，彭玉平评注：《人间词话》，中华书局2015年版，第5页。

② 刘琳、刁忠民、舒大刚等校点：《宋会要辑稿》，上海古籍出版社2014年版，第4983页。

多，实际上是捕风捉影，以莫须有之事，达到排挤他的目的。诗人自然愤慨不平，作《西村醉归》，以佯狂自许，实即对论劾者的答复。

这年，绍兴府境内遭受严重水灾，流民遍野。其时，朱熹为提举浙东常平茶盐公事。陆游当即作《寄朱元晦提举》诗，催朱熹赶快前来赈灾。陆游始终关心民间疾苦，这次又感责无旁贷，为家乡百姓请命。

自淳熙八年到十二年（1185），陆游一直闲居山阴。淳熙九年（1182）九月三日，名书室为“书巢”。《书巢记》自述：

> 既老且病，犹不置读书，名其室曰书巢……吾室之内，或栖于椟，或陈于前，或枕藉于床，俯仰四顾，无非书者。吾饮食起居，疾痛呻吟，悲忧愤叹，未尝不与书俱。

诗人投闲置散，愁闷寂寥，只能靠读书来消磨光阴。他苦心孤诣，营构了内在自足的精神至乐之境，优游其中。在读书之余，诗人多与方外人交往，如刘道士、陈道人等，于诗酒酬答中，寻求精神慰藉。陆游还遍游山阴附近的山水名胜，如三江、樊江堰、石帆山、柯桥、镜湖等，并写诗纪行，绘景抒感。在这期间，陆游写了大量的描写田园风光、闲居生活的闲适诗词，如《小园》四首、《九月三日泛舟湖中作》等，卧读陶诗、微雨锄田、鉴湖泛舟，故乡人情美、山水美，诗人经受挫折的心灵得以舒展。但他内心仍充满忧愤和孤寂，因此，不少诗作如《草书歌》《夜泊水村》《感愤》《书愤》等，即抒发这种感情。淳熙十三年（1186）春，陆游作《书愤》：

早岁那知世事艰，中原北望气如山。
楼船夜雪瓜洲渡，铁马秋风大散关。
塞上长城空自许，镜中衰鬓已先斑。
出师一表真名世，千载谁堪伯仲间！

诗人有“一片丹心”，却“报国欲死无战场”，正确抗敌主张不被采纳，才能没有机会发挥，长期遭排挤、受压抑。诗抒发了诗人壮心未遂、时光虚掷、功业难成的悲愤。首联追叙早年宏图大志，气壮如山，但不知道世事艰难。颔联写宋军在东南和西北抗击金兵进犯事，概括战斗生活往事。省去动词，连用六个名词，分作三组意象，上下相对，“楼船”与“夜雪”，“铁马”与“秋风”又为句中对，战场画卷壮阔，意象选取典型，对仗工整，言简意赅，形象鲜明。颈联用南朝宋名将檀道济自比“万里长城”典故明志，捍卫国家，舍我其谁！可惜如今一事无成，白发先斑，忧愤悲怆。尾联用典明志，盛赞诸葛亮《出师表》，渴望效法其人，施展抱负。全诗前半忆昔，后半叹今，理想与现实对比，自己早年形象与晚年形象对比，诸葛亮慷慨北伐与南宋朝廷不抵抗对比，褒贬分明。全诗未着一“愤”字，但句句是书愤之情，慷慨悲壮，气韵沉雄，语言精练，概括力强。历代论者赞不绝口，清方东树说：“志在立功，而有才不遇，奄忽就衰，故思之而有愤也。妙在三、四句兼写景象，声色动人，否则近于枯竭。”[①]李慈铭盛赞陆游《感愤》《书愤》：“皆全首浑成，气格高健，置之老杜集中，直无愧色。”[②]

① [清]方东树著，汪绍楹校点：《昭昧詹言》，人民文学出版社1961年版，第463页。

② 蒋瑞藻编：《越缦堂诗话 续杜工部诗话》，浙江古籍出版社2014年版，第29—30页。

第十六章 起知严州

重被任用

失意而归

罢官归里

六十二岁的陆游迎来重新任职的诏命。七月初，陆游到达严州任所。他恪尽职守，尽力为当地百姓做实事。光宗即位，周必大被罢相，陆游被目为“周党”，成为党争的牺牲品。

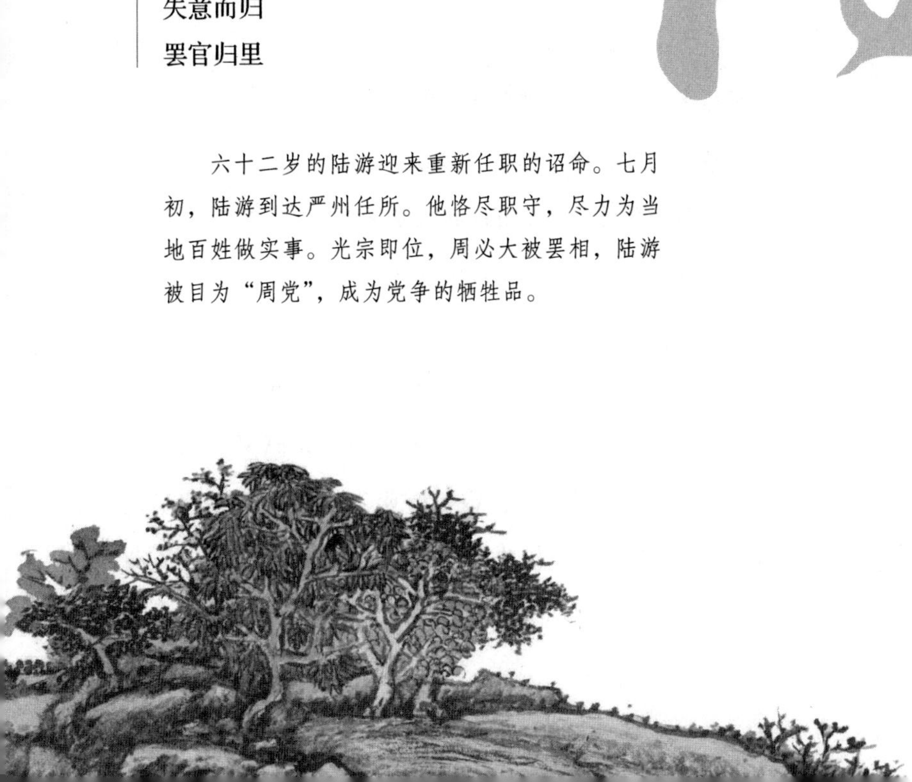

淳熙十三年春，陆游六十二岁，重被任用，以朝请大夫权知严州军州事。接到任命后，他立刻到临安朝见孝宗。陆游住在西湖边的客馆，时值春季，夜来细雨绵绵，黎明放晴，风光明媚，深巷中不时传来卖花的声音。诗人触景生情，写下《临安春雨初霁》：

世味年来薄似纱，谁令骑马客京华？
小楼一夜听春雨，深巷明朝卖杏花。
矮纸斜行闲作草，晴窗细乳戏分茶。
素衣莫起风尘叹，犹及清明可到家。

霁，意为雨后放晴。首联写“世味”之“薄”，宦海沉浮，人情冷暖，世态炎凉，本该避世，但不得已又要远游他乡。颔联一转，写春景可爱，夜听江南春雨、晓听深巷卖花声，明艳生动的春光图，优美动人。“一夜”两字暗示诗人彻夜未眠，忧虑国事和个人前途，伴着雨声涌上眉间、心头，以明媚春光为背景，与落寞情怀构成鲜明对照。用流水对，十四字一气贯注。语言清新隽永、细致贴切，风格自然明快、圆转流利。颈联再一转，人情实淡薄，诗人厌烦官场虚伪、应酬，所以写草书、品茶以打发时光。陆游擅长行草，其书法疏朗有致，风韵潇洒。诗人客居京华，闲极无聊，故以草书消遣，表面上闲适恬静，背后藏着无限感慨与牢骚。尾联道出羁旅之苦，反用典故，自我解嘲，悲愤之情见于言外。

等候召见期间，陆游与杨万里、尤袤等为文酒之会。上巳日，赏海棠于张镃南湖园中，诗人趁酒兴戏题诗扇上，《饮张功父园，戏题扇上》写道：

寒食清明数日中，西园春事又匆匆。
梅花自避新桃李，不为高楼一笛风。

借为朋友题扇，紧扣节令，描绘春景，赞美梅花品格，也寄寓自己不趋世俗的高洁人格，是对梅花凋落的独特诠释，与《卜算子》词“无意苦争春，一任群芳妒”异曲同工。

陆游注定要失意而归。当他上殿辞行时，孝宗说：“严陵，山水胜处。职事之暇，可以赋咏自适。”[①]完全将陆游看作风雅闲适的诗人，而非矢志报国的志士。尽管如此，陆游还

① [元]脱脱等：《宋史》卷三九五《陆游传》，中华书局1977年版，第12058页。

是向帝王表达了感谢之情，《延和殿退朝口号》即记他陛辞谢恩之事。此外，陆游分别给王淮、梁克家、周必大和参政黄洽、施师点等呈上谢启，以示感谢。在临安逗留一两月后，他便回到山阴打点行装。

七月初，陆游到达严州任所。严州位于临安西南方，钱塘江、富春江的上游，山清水秀。但秀美的山水仍旧无法掩盖陆游志士不遇的感叹。

淳熙十四年春，陆游夜寝闻鼓角阵阵，触景生情，愁肠百结，作《闻鼓角感怀》：

鼓坎坎，角呜呜，四鼓欲尽五鼓初。
老眼不寐如鳏鱼，抚枕起坐涕泗濡。
平生空读万卷书，白首不识承明庐。
时多通材臣腐儒，妄怀孤忠策则疏。
欲剖丹心奏公车，论罪万死尚有余。
雷霆愿复宽须臾，许臣指陈舆地图。
亿万遗民望来苏，艺祖有命行天诛。
皇明如日讵敢诬，拜手乞赐丈二殳。
中原烟尘一扫除，龙舟泝汴还东都。

鼓角声哀咽，诗人愁思难眠，初听已觉感伤，从四更到五更，凄怆之感更加浓郁，以至抚枕流涕。回想不平遭遇，纵读书万卷，白首仍为下僚，一片丹心，却不被理解。但即使这样，诗人的恋阙之心老而弥坚，百折不回，年过花甲，仍愿指点江山，为国征战，北定中原，恢复故土。此诗表达了诗人的忧国之思、不平之感、杀敌之志、复土之愿，以悲语起，以壮语结，起承转合，过渡自然，沉郁激愤，苍凉遒劲，感人至深。

夏，夜登千峰榭，怀古伤今，忧国情切，孤愤难平，诗人又作《夜登千峰榭》：

夷甫诸人骨作尘，至今黄屋尚东巡。
度兵大岘非无策，收泣新亭要有人。
薄酿不浇胸垒块，壮图空负胆轮囷。
危楼插斗山衔月，徙倚长歌一怆神！

千峰榭在严州城北，《严州图经》卷一："千峰榭，州宅北偏东，跨子城上。自唐有之，久废。景祐中，范文正公即旧基重建，经方腊之乱不存。后人重建，易名泠风台。绍兴二年，知州潘良贵复旧名。"[①]此诗先叙事、议论，后抒怀、写景，情致绵长悲怆，布局精巧，气象高远。误国臣子已"骨作尘"，却至今尚未收复中原故都，"非无策"与"要有人"皆

① 方韦编著：《严州史话》，天津古籍出版社2008年版，第231页。

是对北伐复土的期望。但念报国壮志“空负”，“薄酿”亦难遣怀。夜赏千峰榭，景致愈发凄凉，诗人深感家国之危与身世迟暮之悲。

陆游病中听闻好友韩元吉下世，悲不自胜，凭高远悼，老泪纵横，写下《闻韩无咎下世》，表达哀思。八月，他和杨氏所生的才满周岁的小女儿定娘夭亡，老来丧女，心里悲痛万分，写下《山阴陆氏女女墓铭》，以抒悲怀。仲秋祭祀孔子，陆游自愧身服章绶却日以棰楚百姓为事，作《上丁》，道出思想上的矛盾痛苦，因而起归老农圃之念。

尽管如此，陆游仍恪尽职守，尽力为当地百姓做实事。严州是小郡，地瘠民贫，加之连年水旱，农业生产遭到极大破坏。针对这种情况，他首先着力恢复和发展农业生产，所写劝农文、祈雨文、谢雨文、谢雪文、祈晴文中皆有记载。他延请当地父老，嘱咐他们督促自家子弟努力从事耕作，不要游惰，不要争讼。《严州谒诸庙文》说：“如或黩货以厉民，淫刑以饰怒，事燕游以废政，纳请谒以挠法，是宜即罪于有神，死不敢悔。”他向神明保证，自己在其位、谋其政，为官一任，造福一方。《丁未严州劝农文》说：“宽期会，简追胥，戒兴作，节燕游。”他向当地百姓保证，不扰民、不浪费、不吃喝玩乐。而对一贯害民的贪暴吏役，陆游则予以撤换斥逐。他有高度的责任感，《吏责》说：“吏责何时得暂停，年来减尽鬓边青。”全身心投入工作，一天到晚忙个不停，就连养病休假时，也不忘关心地方治安，生怕善良的百姓遭受损失。他不忍用打板子的办法来逼迫农民缴租纳税，认为那样做是可耻的。结果，“民租屡减追胥少，吏责全轻法令宽”（《秋兴》）。看到政简刑宽、百姓安居乐业的情形，诗人无比欣慰。

一百四十年前，陆游高祖陆轸曾守严州新定县（今浙江淳安），陆游又知严州，且有惠政，当地百姓为纪念陆游祖孙二人，在一佛寺里为陆轸修建祠堂。淳熙十四年（1187）正月，祠堂落成，并刻像于石，陆游作《先太傅遗像》。从这件事可以看出陆游深得当地百姓的爱戴，他以高祖的业绩自励，尽职尽心，不坠家声。

在严州期间，陆游除了留有德政外，还删定诗稿，为后世留下了宝贵的文学财富。淳熙十四年，知建德县事苏林将陆游历年所作诗歌搜集整理，刊刻诗稿二十卷，计二千五百余首。诗人流寓蜀中，乐其风土淳厚，东归后仍念念不忘，故将诗稿题为《剑南诗稿》，并将诗稿付与幼子子聿。这是陆诗首次结集。门人郑师尹为之作序，当世著名诗人张镃、杨万里、韩淲等皆题诗称许。

陆游为老百姓办实事，兴利除弊，势必得罪既得利益者，奸恶小人便借机谗言诽谤他。他感到“人间处处是危机”（《上书乞祠》），厌倦了官场的矫情和虚伪，想念故乡的青山绿水。淳熙十五年（1188）四月，他上疏乞祠归里。

七月，严州任满，陆游即还故乡。闲居故乡，北望中原，心生感触，作《北望》：

北望中原泪满巾，黄旗空想渡河津。

丈夫穷死由来事，要是江南有此人！

诗人心怀国事，忧心如焚，又无能为力，悲愤填胸臆，空流泪湿巾，情真意切，令人动容。遗民忍死渴望三军高举黄旗，扫清河、洛，恢复失地。然而年复一年，愿望一再落空，只能“南望王师又一年”（《秋夜将晓，出篱门迎凉有感》）。而大丈夫只能老死牖下，赍志而殁，“穷死由来事”，悲慨万分，但仍希望江南能够有人收复中原，“努力待传檄，勿谓吴无人”（《哀北》）。全诗以议论为主，语悲气豪，哀而不颓，慷慨悲壮。

此年冬，陆游被任命为军器少监，立即赶赴临安上任。朝堂上，孝宗称赞陆游：“笔力回斡甚善，非他人可及。”[①]他很赏识陆游的文章。陆游不愧是爱国志士，正直敢言，一有机会便重申复国大计。

《上殿札子》谈道：

伏望陛下与腹心之臣力图大计，宵旰弗怠，缮修兵

① [元]脱脱等：《宋史》卷三九五《陆游传》，中华书局1977年版，第12058页。

备，搜拔人才，明号令，信赏罚，常如羽书狎至、兵锋已交之日，使虏果有变，大则扫清燕代，复列圣之仇，次则平定河洛，慰父老之望，岂可复如辛巳仓卒之际，敛兵保江，凛然更以宗社为忧耶？

陆游主张对外修兵备武，伺机收复中原，对内则选拔人才，赏罚分明。次年正月，学士院缺员额，周必大推荐陆游接任，遭到孝宗拒绝。尤袤权中书舍人，复诏兼直学士院，力辞不就，他荐陆游自代，也不被允许。结果，陆游改除朝议大夫（正六品）礼部郎中。在闲曹冷职中，诗人就是梦中也不忘出师赴敌，感慨北音日少，民力益殚，深深忧虑着国事。

淳熙十六年（1189）二月，宋孝宗退居重华宫，当太上皇。太子赵惇即位，是为光宗。四月，陆游向光宗论奏，劝他戒嗜好、杜谗巧、轻赋敛、纾民困，励精图治，慎始善终。七月，陆游兼任实录院检讨官，修《高宗实录》。他对孝宗的知遇之恩十分感念，《上殿札子》多次用“寿皇”二字，并再三指出“致亲之悦者，责在陛下”“致天下之治，孝之大也”“上有尊亲，则所以交四邻，训子弟，备饥馑，御盗贼”，他赞赏孝宗功德，同时勉励光宗。孝宗死后，陆游有《孝宗皇帝挽词》三章，每章分别以“大道本生知，崇高志不移”“代邸膺图日，临朝涕泗横”“便殿咨询早，深宫宴乐稀”开篇，称赞孝宗在位功绩。故而，能修《高宗实录》，陆游十分愿意。

十一月末，陆游却被谏议大夫何澹所劾，罢官归里。此人为卑劣之徒，被周必大提拔后，又临阵倒戈，故意网罗周必大罪名，致使周必大罢相。《宋会要辑稿·职官·黜降官》载：

> 礼部郎中陆游、大理寺丞李端友、秘书省正字吴镒，并放罢。以谏议大夫何澹论游前后屡遭白简，所至有污秽之迹；端友凡所历任，略无善状；镒轻薄浮躁，专以口吻劫持为事，故有是命。①

此诏是光宗亲下，陆游的罪名是“所至有污秽之迹”。实质原因是，光宗即位，周必大被罢相，陆游被目为“周党”，入“清洗”之列，成为党争的牺牲品。十二月，陆游怀着悲愤的心情再次回到故乡，从此结束了东归后的宦游生活。

---

① 刘琳、刁忠民、舒大刚等校点：《宋会要辑稿》，上海古籍出版社2014年版，第4998页。

第十七章 蛰居山阴十二年

心态淡然
遍赏美景
生活贫困

乡居生活固然令陆游心生欢喜，然而现实生计问题也时常出现。虽屏处乡里，陆游仍常心系国事，恢复河山之素志依然如故。政局再变，闲居已久的陆游也成为韩侂胄延揽的对象。

从光宗绍熙元年（1190）到宁宗嘉泰二年（1202），前后十二年，陆游一直闲居山阴，过着村居生活。

陆游将居处取名为“风月轩”。绍熙元年秋，他作有两首绝句，长题谈到小轩名字的由来及含义，《予十年间两坐斥，罪虽擢发莫数，而诗为首，谓之“嘲咏风月”。既还山，遂以“风月”名小轩，且作绝句》，其二说：“连坐频年到风月，固应无客叩吾门。”诗人自我调侃“无客叩门”。“嘲咏风月”只不过是主和派一个冠冕堂皇的理由，实质还是陆游“不合时宜”的主战立场。此后，他的诗作遂多风月闲情，而征伐用世之作渐少，风格也一变而为恬淡闲逸。

除了“风月轩”，陆游还给自己取了几个斋名：老学庵、龟堂、快阁。“老学庵”是流传最广的斋名，陆游有许多诗咏及“老学庵”，如《老学庵自规》《老学庵夜兴》《老学庵北窗杂书》等，还有以“老学庵”命名的《老学庵笔记》。他晚年退居乡里，生活渐趋平淡，多以读书自娱，老而好学，正如至死不忘恢复一样，表现出奋斗不息的进取心态。陆游用

“龟堂”斋名长达十多年，并与“老学庵”名交并使用。据他别号“龟堂叟”“龟堂病叟”“龟堂老人”等判断，“龟堂”之“龟”取“老”“寿”之义，其中有老而无用的自谦，又有年高寿长的自慰，诗作纪事有《龟堂独坐遣闷》《暮春龟堂即事》等。“快阁”，含义当取自晋王羲之《兰亭集序》中“快然自足，不知老之将至”句。从其闲居故里的斋名和别号可知，陆游晚年心态已进入一种淡然超脱的境界。

山阴山清水秀，风景绝佳，又有悠久的历史文化，自然和人文景观兼备。《世说新语·言语》记载王子敬（献之）的话：“从山阴道上行，山川自相映发，使人应接不暇。”[①]陆游的三山别业就在镜湖之畔，足够的闲暇时光让他能慢慢领略家乡的风物美景。

春夏时节，他溪畔漫步、野店沽酒、山寺清游、寒泉煎茶。陆游在眷恋故乡山水的同时，亦享受如刘禹锡《陋室铭》“无丝竹之乱耳，无案牍之劳形”的悠闲时光。庆元元年（1195）三月，陆游作《初夏行平水道中》说：“郊行已觉侵微暑，小立桐阴换夹衣。”春夏交替，暑气袭人，诗人却游兴正浓，仅“小立桐阴，换下夹衣”，乐不思归，洋溢着对田园生活的热爱。庆元六年（1200）晚春，陆游作《东村》：“雨

① [南朝宋]刘义庆著，[南朝梁]刘孝标注：《世说新语》，浙江古籍出版社2015年版，第43页。

霁山争出，泥干路渐通。”诗人雨后漫步乡间，乡居生活悠然闲适。

秋冬之时，陆游赏菊饮酒、踏雪寻梅、倚杖闲吟。绍熙三年（1192）冬，友人东阳郭津（字希吕）送来自家酿制的石洞酒，陆游十分高兴，为表谢忱，作《谢郭希吕送石洞酒》盛赞此酒之美：

从事今朝真到齐，春和盎盎却秋凄。
色如夷甫玉麈尾，价敌茂陵金褭蹄。
瑞露颇疑名太过，橐泉犹恨韵差低。
山园雪后梅花动，一榼常须手自携。

诗人称誉酒质之好，此酒如盎然春色，温和宜人，其色白如王夷甫手握玉麈尾，其价高比黄金。“瑞露桂杯酒”，酿于百花之中，其味甘香，宋时久享盛名，诗人却说与石洞酒相比，其盛名太过。“橐泉岐下酒”，很早就名冠关中，但其性浓烈强劲，饮之缺乏韵味。相比而言，这些名酒皆不及石洞酒，此酒色白味美，醇和可口，浓淡适当。冬日山园雪后，手携一榼，小酌梅花下，踏雪、品酒、赏梅，确为风雅之举。诗人见酒时欣喜之情跃然纸上。

庆元元年九月，正是金秋时节，诗人拄杖徐行，《舍北晚眺》二首其一说：

红树青林带暮烟，并桥常有卖鱼船。

樊川诗句营丘画，尽在先生拄杖边。

秋天傍晚，诗人拄杖所到之处，美景自然呈现。“红树”“青林”，色彩对比强烈，江南水乡的秋季美景赫然呈现纸上。全诗意境优美，闲淡隽永，清丽脱俗。

雨雪天气不便外出时，诗人即长日与书为伴，借读书来消磨光阴。他藏书多，喜读书，《寒夜读书》说：“老死爱书心不厌，来生恐堕蠹鱼中。”真是爱书如痴似狂。《题老学庵壁》又说：“万卷古今消永日，一窗昏晓送流年。”诗人老而好学，以此慰藉寂寞晚境。

乡居生活固然令陆游心生欢喜，然而现实生计问题也时常出现。他晚年生活贫困，有时甚至断炊，还要靠典卖旧物来维持生计。《困甚戏书》《岁暮贫甚戏书》《贫甚，戏作绝句》等诗，都真实、具体地记录了这种情形。庆元六年春，陆游作《贫甚，卖常用酒杯，作诗自戏》：

逢春日日合醉归，莫笑典衣穷杜甫。

生时不肯浇舌本，死后空持酹坟土。

门前三百里湖光，天与先生作醉乡。

银杯羽化不须叹，多钱使人生窟郎。

诗人穷到将断炊，无可奈何，只得把心爱的酒杯卖了。但他超脱旷达，仍苦中寻乐。即使再困难，也要“遇酒幸一醉，遇饭幸一饱。”（《秋怀十首，末章稍自振起，亦古义也》）。酒杯卖掉“不须叹”，只要有酒喝，失去什么都无所谓，穷困潦倒，却能保持乐观态度。以“贫居”“长饥”“炊米不继”等一类字句为题的诗还有不少，但面对贫困，诗人依然乐观。《薪米偶不继戏书》说：“丈夫穷空自其分，饿死吾肩未尝胁。”他宁肯饿死也不去趋炎附势。

在乡居期间，陆游亲自下地耕作，到农圃种菜，俨然是个乡里农夫。他不但“身还民服，口诵农书”（《除宝谟阁待制谢丞相启》），而且“扶衰业耕桑”“身杂老农间”（《晚秋农家》）。他还种菜养猪，“种菜三四畦，畜豚七八个”（《幽居》）。甚至不辞辛苦，“夜半起饭牛”（《晚秋农家》）。作为士大夫，能够这样做确是难得的。

同时，陆游和乡邻们往来酬赠，庆吊相通，还经常聚餐，开怀畅饮，共话桑麻。

陆游同情农家贫困的不幸遭遇。庆元元年春，作《农家叹》：

有山皆种麦，有水皆种秔。
牛领疮见骨，叱叱犹夜耕。
竭力事本业，所愿乐太平。

门前谁剥啄，县吏征租声。
一身入县庭，日夜穷笞搒。
人孰不惮死，自计无由生。
还家欲具说，恐伤父母情。
老人傥得食，妻子鸿毛轻。

农家勤力夜耕，结果却是催征遭笞，因而忍悲自白，欲言又止，一家人求饱不得，无以自存，摹状出哀哀欲绝景况，深刻地写出农家悲不自禁的悲惨遭遇和无限辛酸，揭露了贪官酷吏巧取豪夺、残酷盘剥的凶残本相。全诗语言质朴，而旨意深远。采用“代言体”，以农家口吻叙事，用对比手法，作典型艺术概括，辞约义丰，表达出农家的痛苦、无奈与绝望，真实而形象，催人泪下。

虽屏处乡里，陆游仍常心系国事，恢复河山之素志依然如故。绍熙三年秋，诗人忧念国事，彻夜难眠，作《秋夜将晓，出篱门迎凉有感》二首，其二说：

三万里河东入海，五千仞岳上摩天。
遗民泪尽胡尘里，南望王师又一年。

秋天是作战的季节，诗人想到收复失地，想到沦陷区百姓泪尽胡尘，年复一年南望王师北伐。一次次盼望，一次次落空，沉痛酸辛。山河之壮与遗民之悲，对比强烈鲜明。诗人尽管“食且不继”，疾病缠身，依然不忘恢复大业，感情沉痛。此诗意境雄浑壮阔，格调苍凉悲壮。《关山月》说：“遗民忍死望恢复，几处今宵垂泪痕。”《寒夜歌》写道：“三万里之黄河入东海，五千仞之太华磨苍旻。”皆异曲而同工。

《梦蜀》借助梦境，回到陆游心心念念的蜀中；《鹊桥仙》（华灯纵博）、《谢池春》（壮岁从戎），回忆南郑从军，灯下博弈，驱马驰射，气吞残虏。在南郑从戎虽然只有短短八个月，却是陆游一生的骄傲。现实不可得，睡梦可寻觅，在梦中，他暂得大展宏图，收复中原，建立功业。然而梦醒之后，现实落差更加巨大。《诉衷情》写道：

当年万里觅封侯，匹马戍梁州。关河梦断何处？尘暗旧貂裘。

胡未灭，鬓先秋，泪空流。此生谁料，心在天山，身老沧洲。

开篇逆叙当年豪情壮举，为全词定下雄浑、悲慨的主旋律。起笔即用班超投笔从戎事典，再现当年单枪匹马万里戍边情景，充满自豪。然而回首军旅生涯，恍如梦中，梦醒过后，国仇未雪，老境先至，泪水空流。用苏秦典故，感叹自己壮志难酬。心在西北抗金前线，却由于朝廷主和派占上风，迫不得已僵卧孤村。“心”与“身”矛盾，“天山”与“沧洲”相对，包蕴着心理时空的纵深感与历史感，迸发出强劲的感情张力，境界苍凉悲壮。

陆游闲居山阴时，南宋政局又一次发生重大变化。一是皇帝换代，光宗赵惇退位，宁宗赵扩成为新皇。赵惇昏昧无能，受制于皇后李氏，是典型的“惧内”皇上，对太上皇，他却敢大不敬，平素久废定省之礼。绍熙五年（1194）正月，孝宗去世时，光宗竟假称有病，不肯成服问丧。为子如此不孝，为帝又昏庸懦弱，怎能统治天下？因此，知枢密院事赵汝愚联合知阁门事韩侂胄，征得太皇太后同意，拥立太子赵扩为皇帝，尊赵惇为太上皇，逼赵惇退位，完成了一场宫廷政变。二是北伐。宁宗登基后，宠信皇后韩氏叔父，导致韩侂胄权力欲望膨胀，引发“庆元党禁”。此时，赵汝愚位至右丞相，韩侂胄不满赵汝愚，想铲除异己。他先将弹劾他的朱熹免职，接着又把本是“同道”的赵汝愚排斥出政府。又大兴“伪学”党禁，斥朱熹的学说为“伪学”，且公布“伪党”名单，永不录用。自己却结纳党羽，很快把持了朝政。韩侂胄是韩琦后人，有荣耀的家世，想立盖世功业。当时最大的功业就是北伐收复中原，于是韩侂胄做了一系列的北伐准备工作：嘉泰二年，他解除伪学、伪党禁，死去的赵汝愚等人皆追复官号；擢用一大批主战派知名人士，加强边防。闲居已久的陆游也成为韩侂胄延揽的对象。

陆游晚年最受争议的事情，便是接近韩侂胄，为韩侂胄作诗作文。《宋史·陆游传》载："（陆游）晚年再出，为韩侂胄撰《南园》《阅古泉记》，见讥清议。朱熹尝言其能太高，迹太近，恐为有力者所牵挽，不得全其晚节。"①

陆游与韩侂胄的关系，得从陆、韩家族说起。陆、韩两家原有"通家之谊"，陆游祖父陆佃与韩侂胄从祖韩忠彦同为徽宗朝执政大臣，又同入"元祐党籍"，属于同阵营的好友。韩侂胄从兄韩肖胄（字似夫），建炎初为工部侍郎，金兵入侵后，主张抗金，属于主战派成员。绍兴十年（1140）五月，韩侂胄以资政殿学士知绍兴府，与陆游父亲陆宰一家均有往来，其从弟韩膺胄也与陆家有往来，这使年幼的陆游印象深刻。后来，韩侂胄之孙韩晞道，也和陆游存有友谊。庆元六年，陆游寄《江东韩漕晞道寄杨庭秀所赠诗来求同赋，作此寄之》给韩晞道。诗中，陆游以朋友身份劝勉韩晞道，希望他能够继承祖先韩琦的功业，支持推动韩侂胄北伐。这一层面上，韩侂胄和陆游不谋而合。故而，韩侂胄作为通家之好的朋友，且为陆游上司，陆游和他接近合乎常情常理，是自然而然的。

约在庆元六年春夏间，陆游受韩侂胄之请，为其在杭州西湖的别墅南园作《南园记》。开头一段记南园来历及位置，写南园依山傍水、天造地设，极山湖之美，借此赞美韩侂胄志趣

① [元]脱脱等：《宋史》卷三九五《陆游传》，中华书局1977年版，第12059页。

清雅。接着详细描绘南园各处美景及命名由来，各景点皆取其曾祖韩琦诗句命名，如“许闲”“和容”“寒碧”等，可见其家学渊源、文化修养和审美趣味。然后宕开一笔，由南园生发议论，说南园虽美，但主人志趣并不在于“登临游观”。“许闲”“归耕”是韩琦之志，也是韩侂胄之志。陆游在记中劝勉韩侂胄继承韩琦之志，“勤劳王家，勋在社稷”，对他领导北伐、收复故土寄予厚望。

韩侂胄生日时，陆游写《韩太傅生日》致贺：

珥貂中使传天语，一片惊尘飞辇路。
清霜粲瓦初作寒，天为明时生帝傅。
黄金饰奁雕玉觞，上尊御食传恩光。
紫驼之峰玄熊掌，不数沙苑千群羊。
通天宝带连城价，受赐雍容看拜下。
神皇外孙风骨殊，凛凛英姿不容画。
问今何人致太平？绵地万里皆春耕。
身际风云手扶日，异姓真王功第一。

此诗写于嘉泰二年十月韩侂胄五十一岁生日时，称道他的北伐之举。陆游在临安将达半年之久，韩侂胄作为上级，避免不了要与之接触。“天为明时生帝傅”“身际风云手扶日，异姓真王功第一”等句，显然是祝颂之辞，身在朝堂，上级过生日写诗祝贺，这是无法避免之事，且陆游赞颂的重点是韩侂胄的北伐之举，可见陆游关心的还是恢复中原之事。

嘉泰三年（1203）四月，韩侂胄邀请一些官员游览“南园”，陆游也在被邀之列。此次，陆游为韩侂胄作《阅古泉记》：

太师平原王韩公府之西，缭山而上，五步一磴，十步一壑，崖如伏鼋，径如惊蛇。大石磊磊，或如地踊以立，或如翔空而下，或翩如将奋，或森如欲抟。名葩硕果，更出互见，寿藤怪蔓，罗络蒙密。地多桂竹，秋而华敷，夏而箨解。至者应接不暇，及左顾而右盼，则呀然而江横陈，豁然而湖自献。天造地设，非人力所能为者。

其尤胜之地曰“阅古泉”，在溜玉亭之西，缭以翠麓，覆以美荫。又以其东向，故浴海之日、既望之月，泉辄先得之。袤三尺，深不知其几也。霖雨不溢，久旱不涸，其甘饴蜜，其寒冰雪，其泓止明静，可鉴毛发。虽游尘堕叶，常若有神物呵护屏除者。朝暮雨旸，无时不镜如也。泉上有小亭，亭中置瓢，可饮可濯，尤于烹茗酿酒为宜。他石泉皆莫逮。

公常与客倘佯泉上，酌以饮客。游年最老，独尽一瓢。公顾而喜曰：“君为我记此泉，使后世知吾辈之

> 游，亦一胜也。”游按泉之壁，有唐开成五年道士诸葛鉴元八分书题名，盖此泉湮伏弗耀者几四百年，公乃复发之。时“阅古”盖先忠献王以名堂者，则泉可谓荣矣。游起于告老之后，视道士为有愧，其视泉尤有愧也。幸且暮得复归故山，幅巾袓褐，从公一酌此泉而行，尚能赋之。

此前，陆游闲居山阴时为韩侂胄作《南园记》，这次游览的地点正是南园。南园中有一泓清泉，用玛瑙石砌成池。韩侂胄的曾祖北宋名将忠献王韩琦曾有一座阅古堂，所以称此泉为“阅古泉”。陆游首先写阅古泉周围之景，逐步定位阅古泉，以见此泉的幽奇不俗，是一篇绝美的写景文字。次写泉水之美以及泉水命名来历，把泉之名与忠献王韩琦的“阅古堂”挂起钩来，借以启发韩侂胄不忘忠献之志。又描写其地花木林泉之胜，称赏主人的风雅情趣。文末，曲终见志，表达自己淡泊明志、早归故里的愿望。其实，“求退”应是《阅古泉记》的写作目的和要表现的主要思想。陆游为韩侂胄作二记并写诗贺其生日，并非攀附权贵。他颂扬的不只是韩侂胄个人，而是北伐大业。后代史家以此讥评或惋惜陆游没有“全其晚节”，要求过于苛刻。

戴表元、钱谦益、吴景旭、赵翼、袁枚等，则为陆游辩诬、翻案。赵翼说：“即其为侂胄作《南园记》《阅古泉记》，一则勉以先忠献之遗烈，一则讽其早退。此亦有何希荣附势、依傍门户之意！而论者辄借为口实，以訾议之，真所谓‘小人之好议论，不乐成人之美’者也。”[1]袁枚说：“宋人尝谓陆放翁为韩侂胄作记，以为党奸；魏叔子责谢叠山作《却聘书》，以伯夷自比，是以殷纣比宋，皆属吹毛之论。”[2]陆游一直力主北伐，是站在抗敌御侮、收复失地立场上与韩侂胄接近的，同时二人又是世交，有人情往来，于公于私，受其请托撰记都合情合理。

① [清]赵翼著，霍松林、胡主佑校点：《瓯北诗话》卷六，人民文学出版社1963年版，第92页。

② [清]袁枚著，顾学颉校点：《随园诗话》卷八，人民文学出版社1982年版，第273页。

第十八章 最后复出

主修国史

心系国家

愉快返乡

陆游在七十八岁高龄时，踏上了进京修史的路。修史之余，陆游仍作诗为恢复献策。在正式入京后，他内心更加复杂，国土分裂、岁月流逝、物是人非，似乎都在提醒他早日回家。

《宋史·陆游传》载："嘉泰二年，以孝宗、光宗两朝实录及三朝史未就，诏游权同修国史、实录院同修撰，免奉朝请，寻兼秘书监。"[①]嘉泰二年（1202）五月，陆游闲居山阴第十三年，接到朝廷诏告，任命其为直华文阁兼实录院同修撰、兼同修国史，主修孝宗、光宗两朝实录及三朝史。陆游此次再至临安，官职并没有多大变化。除秘书监，按照宋代官制，是正四品官，陆游知严州时已是朝请大夫，从五品，山阴致仕时为中大夫，正五品，仅是象征性升职。此次升官，陆游并未有多少欣喜之感，《恩除秘书监》说：

群仙鹤驾去难追，白首重来不自知。
才艺荒唐痴独绝，功名蹭蹬老如期。
海边郑叟穷耽酒，吴下韦郎晚学诗。
扶上木天君莫笑，衰残不似壮游时。

① [元]脱脱等：《宋史》卷三九五《陆游传》，中华书局1977年版，第12058页。

诗虽是谢恩之作，但表露出了诗人对岁月流逝、年华老去的感慨与无力。

陆游此前已有两次修史经验，因此成为朝廷史官的适宜人选。李心传《建炎以来朝野杂记·甲集》卷四“孝宗光宗实录”载：“嘉泰二年，诏宝文阁学士傅伯寿、直华文阁陆游同修，盖专以委之。”[①]可知朝廷调用傅伯寿，起用陆游，作为专官，“专以委之”。于是，陆游在七十八岁高龄时，踏上了进京修史的路。

六月十四日，陆游到达临安，在六官宅小住。《予以壬戌六月十四日入都门，癸亥五月十四日去国，而中有闰月，盖相距正一年矣，慨然有赋》记录：“三百六十日，扶衰得出都。”可知陆游在临安修史长达一年，结束后即归家。这是陆游第三次到临安供职为史官，考虑到陆游年迈，朝廷特许免奉朝请。

嘉泰三年（1203）正月，陆游除宝谟阁待制。次年五月回乡后，入秋，转太中大夫，则是从四品之官。陆游进京修史，并非为攀附权贵之举。

修史工作需要查检史实、把握褒贬度量，作为专官，责任

---

① [宋]李心传撰，[清]徐铉点校：《建炎以来朝野杂记·甲集》卷四，中华书局2000年版，第110页。

大、任务重，陆游又已年迈，因此很辛苦。这一年的修史生活，其许多诗作都有记录，《开局》说："谁令归踏京尘路，又见新开史局时。"自注："予三作史官，皆初开局。"又《馆中书怀》"枉辱三华组"自注："国史、实录及策府，凡忝三职。"《九月初作》四首其三说："平生剩欠观书债，四库留人未许休。"任务繁重，喜爱读书的陆游怎会少读书，可见修史并非简单工作。陆游尽职尽责。《秋雨》说：

久占烟波弄钓舟，业风吹作凤城游。
不知苑外芙蕖老，但见墙阴苜蓿秋。
黄把裹书俄复至，朱颜辞镜不容留。
晚窗又听萧萧雨，一点昏灯相对愁。

此诗通过描绘秋雨的景象，表达诗人内心的孤寂和忧愁。颔联"不知苑外芙蕖老，但见墙阴苜蓿秋"，说自己不知道园外的芙蕖是否已经凋谢，只看到墙阴下的苜蓿已入秋。因为工作任务繁重，连园外的芙蕖都无暇去看，只能凭借墙院中的苜蓿判断秋天已来。

修史之余，陆游仍作诗为恢复献策。其实，陆游此次进京修史，也是以此寻求报国机会。他时刻关心时政。宁宗时，主持朝政者是大臣韩侂胄。嘉泰二年，"庆元党禁"废除，韩侂胄开始任用一批能人志士，为北伐做准备，可见有恢复中原之心，已经等待已久的陆游，怎会放过此次机会？郑挺为襄阳帅，陆游作《送襄阳郑帅唐老》送之：

郑侯骨相非复常，伏犀贯额面正方。
声名赫奕动天子，家世富贵连椒房。
武能防秋北平道，文合落笔中书堂。
畿西谋帅国大事，当宁久弄黄金章。
一朝丹诏自天下，两班仰首看腾骧。
郑侯此行端可羡，绣旗皂纛戈如霜。
三更传令出玉帐，平旦按阵来毬场。
宿兵万灶尽貔虎，牧马千群皆骕骦。
酒酣赋诗幕府和，纵横健笔谁能当？
虽然郑侯志意远，虎视直欲吞北荒。
榆林雁门塞垣紫，孟津砥柱河流黄。
出师有路吾能说，直自襄阳向洛阳。

陆游诗赞郑挺英勇非常，文武俱全，勉励郑挺。陆游力主用兵，疾呼主战，并在末句提出从襄阳直接进攻洛阳的主张。

此年四月十七日，陆游将史书编好，次日将《孝宗实录》五百卷、《光宗实录》一百卷上呈朝廷。接着，便一再上疏请求还乡。陆游自接到修史诏书起，心情就十分复杂。《入都》自述："邻翁好为看耕陇，行矣东归一笑哗。"做好了马上回来的打算。在正式入京后，陆游内心更加复杂，国土分裂、岁月流逝、物是人非，哪一样都似乎在不断提醒他早点回家。如《叹老》："平生师友凋零尽，鼻垩挥斤未有人。"师生朋友都一一离去，激发了他寂寞孤苦的情绪。《思归示儿辈》也说："睡味甜如蜜，人情冷似浆。"陆游自嘉泰二年五月至嘉泰三年五月，先后在都恰好整整一年。此次临安之行，他体会到了深深的孤独。因此，在五月修史结束后，一得到批准，他便如释重负，立即离京出都，愉快返乡。

陆游传

第十九章 寂寞晚境

回乡种田
治病救人
含恨离世

陆游多年在家，对家乡风物十分熟悉，创作了大量反映乡村生活的诗歌。北伐失败，愿望彻底破灭，加上年老力衰，陆游的寂寞孤独感随之而来，至死仍念念不忘收复中原的信念。

陆游返家后，立即作《乍自京尘中得归故山，作五字识喜》表达回乡的喜悦："人生快意事，五月出长安。"故乡是诗人心中的净土，他卸下官职，远离牢笼，一身轻松。

雨时读书，晴时垂钓，任性逍遥，安适悠闲，故而所作小诗气韵天成。嘉泰三年（1203）夏，陆游作《湖上急雨》：

溪烟一缕起前滩，急雨俄吞四面山。
造化等闲成壮观，月明却送钓船还。

鉴湖夏夜，一场急雨忽然而至，来得快、去也疾，诗人优游自适，载月而归。

归田后，陆游出游兴致很高，而且焕发出惊人的创作力，挥洒自如，《入秋游山赋诗，略无阙日，戏作五字七首识之，以"野店山桥送马蹄"为韵》自称诗作有"黄河吞巨野"之势。在归田生活中，必要内容之一就是写诗。老境已至，他以"还婴"名室，将精神寄托于返老还童，心态发生一些变化，诗风愈加随性。日课一诗加上即兴之作，这段时间他成诗三千多首，是名副其实的高产阶段。

陆游多年在家，对家乡风物十分熟悉，创作了大量反映乡村生活的诗歌。社日饮酒，是山阴传统习俗。嘉泰四年（1204）冬，他作《社饮》："倾家酿酒无遗力，倒社迎神尽及期。"社饮场面非常热闹欢娱。为迎接社日，"倾家酿酒无遗力"。到社日，倾社迎神，还有演出，万人空巷，前来观看。陆游身杂老农间，共话桑麻，共饮社酒。此诗记录了宋代山阴的饮酒习俗，开禧元年（1205）冬，《稽山行》诗中写道：

稽山何巍巍，浙江水汤汤。
…………
禹庙争奉牲，兰亭共流觞。
空巷看竞渡，倒社观戏场。
项里杨梅熟，采摘日夜忙。
翠篮满山路，不数荔枝筐。
星驰入侯家，那惜黄金偿。
湘湖莼菜出，卖者环三乡。
何以共烹煮，鲈鱼三尺长。
芳鲜初上市，羊酪何足当。

"争""共""空巷""倒社"，描写村中老幼竞相参加活动，场面热烈，生动传神。“项里”十二句选取有代表性物产，先写杨梅，与荔枝、黄金对比，突出其珍美；后写莼羹、鲈脍，与羊酪作比，点出其鲜美，喜爱之情溢于言表。此诗以家常话言家常事，赞美湖光山色和风土人情，浓郁芬芳的生活气息扑面而来。诗人滔滔不绝，如数家珍，字里行间满是自豪，令人无比神往。

陆游受家庭影响，懂医术，喜方药，自称“胸次岂无医国策，囊中幸有活人方”（《小疾偶书》）。家居无事，而乡村又缺少医生，他便经常给邻里治病，无偿赠送药品。开禧元年冬，《山村经行因施药》五首其四说：

> 驴肩每带药囊行，村巷欢欣夹道迎。
> 共说向来曾活我，生儿多以陆为名。

在村民眼里，诗人就是救命恩人，心中常怀对诗人的感激、爱戴之情。诗写与普通村民间的真挚情谊，体现出诗人“推己及人”“民胞物与”的情怀。“共说”句，可见诗人到山乡送药次数频繁，治病之多，收效之好，村民无不感激。此诗从至性至情流出，纯真自然，不刻意求工而自工，达到“诗到无人爱处工”（《明日复理梦中意作》）的境界。

陆游返家后的生活，其实更多的是落寞、贫穷和孤独。从嘉泰三年五月离京返乡，至嘉定二年（1209）岁暮辞世，在七年间，他经历了开禧北伐、嘉定和议、嘉定更化等重大历史事件，心态上从期待到失望再到落寞。

韩侂胄掌握朝廷大权，一直在准备北伐事宜，爱国志士辛弃疾即被起用，辛弃疾的人品个性与陆游有神合之处。嘉泰三年六月，辛弃疾以朝请大夫集英殿修撰知绍兴府兼浙东安抚使，治所在绍兴。他特意到三山拜访陆游。二人相慕已久，一见如故，常相过从，成为投契的忘年交。辛弃疾看到陆游生活贫困清苦，便想接济他。陆游《草堂》说："幸有湖边旧草堂，敢烦地主筑林塘。"自注："辛幼安每欲为筑舍，予辞之，遂止。"看到陆游住的屋庐年久失修，辛弃疾还准备在镜湖边给他建座别墅，但被陆游婉言谢绝。嘉泰四年春，辛弃疾被召回临安，准备北伐事宜，临别之际，陆游写下《送辛幼安殿撰造朝》送别：

稼轩落笔凌鲍谢，退避声名称学稼。
十年高卧不出门，参透南宗牧牛话。
功名固是券内事，且葺园庐了婚嫁。
千篇昌谷诗满囊，万卷邺侯书插架。
忽然起冠东诸侯，黄旗皂纛从天下。
圣朝仄席意未快，尺一东来烦促驾。
大材小用古所叹，管仲萧何实流亚。
天山挂旆或少须，先挽银河洗嵩华。
中原麟凤争自奋，残虏犬羊何足吓。

但令小试出绪余，青史英豪可雄跨。
古来立事戒轻发，往往谗夫出乘罅。
深仇积愤在逆胡，不用追思灞亭夜。

诗分四段，前八句赞扬辛弃疾才华“凌鲍谢”，又感叹其十年“退避声名”、躬耕田园，叹友，亦自叹。“忽然”四句写辛弃疾被起用后，很快又接到朝廷诏令入京，“忽然”表示振奋。“大材”八句以前贤作比，极力勉励友人奋勇报国。诗人心知好友“大材小用”的怨愤，再度肯定其勇气和才能，期盼他“先挽银河”，“小试”才能，胜敌复土。末四句将夙愿实现寄托于友人，惊喜过后，告诫他留意小人中伤，且先放下过往恩怨，以收复大业为重。可见诗人胸怀宽广，富有远见，对友人情谊真挚。全诗激情昂扬，意蕴深厚，既是为前路光明的友人送行，也是自己爱国之情的表达。

北伐前期，陆游满怀期待。嘉泰四年秋，一连写下《书事》四首，表达期盼恢复的愿望，并且想象北伐胜利场景。其一说：

闻道舆图次第还，黄河依旧抱潼关。
会当小驻平戎帐，饶益南亭看华山。

自从隆兴北伐以来，诗人大半岁月都在等待中流逝。此时，他垂垂老矣，不想再次等待，错过时机，因此不断幻想北伐胜利场景，鼓舞士气。

开禧二年（1206）春，北伐迫在眉睫，诗人情绪很激动，在《书贾充传后》一文中极力驳斥主和派的主张，支持韩侂胄北伐。他还写下《二月一日夜梦》寄托自己的志向：

梦里遇奇士，高楼酣且歌。
霸图轻管乐，王道探丘轲。
大指如符券，微瑕互琢磨。
相知殊恨晚，所得不胜多。
胜算观天定，精忠压虏和。
真当起莘渭，何止复关河。
阵法参奇正，戎旃相荡摩。
觉来空雨泣，壮志已蹉跎。

诗人借由梦境，塑造了一位酣酒狂歌、能文能武的奇士。这位奇士无所不能，王道、霸道皆用，人生宗旨更与诗人不谋而合，有一腔热血和精忠报国之心，诗人与奇士相见恨晚。诗人想象奇士被赏识重用，挂帅军前，指挥三军，演示阵法。但是在梦醒后，壮志落空，独留徒然。诗人梦中的奇士，何尝不是他自己，他一直想上阵杀敌、为国效力，可暮年残岁，只能寄托于他人。

开禧二年五月，北伐正式开始，宋军步步推进，取得初步胜利。诗人感到无比兴奋，当听到收复华州（治今陕西渭南）的消息时，立即写下《闻西师复华州》表示祝贺。这年八月，诗人借由一匹久经沙场的老马托物言志，写下一首《老马行》：

老马虺隤依晚照，自计岂堪三品料？
玉鞭金络付梦想，瘦稗枯萁空咀嚼。
中原蝗旱胡运衰，王师北伐方传诏。
一闻战鼓意气生，犹能为国平燕赵。

残阳晚照下，一匹年迈力衰的老马正在吃草，但它一闻战鼓号令，就能忘却衰病，精神抖擞，老骥伏枥，随时准备冲锋陷阵。诗人已八十二岁高龄，以老马自喻，依然忘情投入，不忘国事，时刻准备效力军前，为国尽瘁，死而后已。读毕，令人心怀敬佩。

然而，此后不久，因韩侂胄准备不足，仓促兴师，北伐以失败告终，宋、金两国又再次走上议和之路。金人和议的五项要求是：一割两淮，二增岁币，三犒军金帛，四索陷没归正人，五取太师（韩侂胄）首级。前面四项条件，意在增加岁贡，而最后一项显然有损国体。但南宋朝廷再次接受了苛刻的条件。主和派史弥远等人在十一月三日早朝时暗杀了韩侂胄，且把他的头颅割下，献给金国，表示谢罪。于是，宋、金归于“旧好”，史称“开禧和议”。从此，以史弥远为首的主和派当权。

嘉定元年（1208），宁宗赵扩更改年号，史弥远独揽大权，声称要革除韩侂胄的弊政，史称“嘉定更化”。三月，朝廷居然恢复秦桧王爵，大批主战派人士则遭到迫害清算，陆游也在清算之列。《宋史·史弥远传》载：“雪赵汝愚之冤，乞褒赠赐谥，厘正诬史，一时伪学党人朱熹、彭龟年、杨万里、吕祖谦虽已殁，或褒赠易名，或录用起后，召还正人故老于外。”[①]相反，北伐有功的叶适被夺职，辛弃疾被削职。

北伐虽败，陆游年老力衰，难当重任，但仍抱着收复失地的坚定信念，爱国之情依然执着。嘉定元年夏，《感事六言》八首其一写道：

老去转无饱计，醉来暂豁忧端。

双鬓多年作雪，寸心至死如丹。

诗人在醉酒中获得暂时解脱，但酒醒之后当如何？故言“暂豁”，更借醉语曲笔抒发壮志未酬的忧愤。后两句集中表达穷且益坚、老当益壮之志。虽早已年迈，但一颗赤心不变，活画出一个爱国者形象。诗以自陈口吻，言老、穷、忧，归结为言志。运用比喻、对比之法，直抒胸臆，淋漓酣畅、慷慨悲壮。然而，转年，即嘉定二年五月，他便因支持韩侂胄北伐，

---

① [元]脱脱等：《宋史》卷四一四《史弥远传》，中华书局1977年版，第12417页。

被劾落太中大夫宝谟阁待制，失去俸禄。《半俸自戊辰二月置不复言，作绝句》二首其二说：“俸券新同废纸收，迎宾仅有一絁裘。”俸禄被夺，生活又变得贫困。

北伐失败，愿望彻底破灭，加上年老力衰，陆游的寂寞孤独感随之而来，他子嗣多，原有七个儿子，两个女儿。除第五子子约早逝外，健在的六子均享年很高。开禧二年春，《村夜》说：“百年辛苦农桑业，五处暌离父子情。”诗下自注：“时子虡调官行在，子龙阻风西陵，子修在闽，子坦在海昌，予与子布、子遹守舍。”夏天，作《子遹调官，得永平钱监，待次甚远，寄诗宽其意，盖将与之偕行也》。此时，长子子虡赴金坛县丞，次子子龙赴吉州掾，三子子修出仕闽县，四子子坦赴临安盐官县税任。儿子们“为贫出仕”，纷纷离乡背井，老病的诗人更加孤独寂寞。《孤寂》又说：“晚境诸儿少在傍，书堂孤寂似僧房。”天伦亲情不能常享，唯有诗书相伴。在一些家书、诗作中，陆游将读书心得倾授儿孙。嘉定元年秋，他教幼子子遹写诗，以诗教诗，写下《示子遹》：

我初学诗日，但欲工藻绘。
中年始少悟，渐若窥宏大。
怪奇亦间出，如石漱湍濑。
数仞李杜墙，常恨欠领会。
元白才倚门，温李真自郐。

正令笔扛鼎，亦未造三昧。

诗为六艺一，岂用资狡狯？

汝果欲学诗，工夫在诗外。

开篇回忆自身学诗经历，现身说法。“数仞”四句连续用典，自然精当，赞扬李白、杜甫诗不分轩轾，以之为学习楷模。推崇《诗经》是“六艺”之一，如今写诗也不可以游戏态度对待。“工夫在诗外”是陆游作诗经验之谈，学“江西诗派”而能出，不局限于书卷学问中，在生活中寻求诗思。他多次强调“工夫”，学问靠积累，要勤奋苦学，坚持不懈。他不遗余力，教育儿孙“学问参千古，工夫始一经”（《示元敏》）。

嘉定二年春，天气出奇寒冷，山阴连续下大雪，陆游生活困顿。《春日杂兴》十二首其四说：

夜夜燃薪暖絮衾，禺中一饭直千金。

身为野老已无责，路有流民终动心。

诗人几乎断炊，且接近生命终点，但当听说有饥饿灾民流离失所时，仍忧心忡忡，充满同情和关切。立秋时，陆游得膈上疾，直到寒露才开始好转，作《病少愈偶作》，可不久再次病倒。十月间，病情好转，他还亲自进城纳税，月底，又病倒。

嘉定二年十二月二十九日除夕（1210年1月26日），在临终之际，陆游作绝笔诗《示儿》，以诗的形式写下遗嘱道：

死去元知万事空，但悲不见九州同。
王师北定中原日，家祭无忘告乃翁。

他仍念念不忘收复中原，谆谆告诫儿子务存恢复中原之志。开头“死去”二字，从容道出，“死去”是自然规律。“不见”与“死去”、“但悲”与“元知”相应，加深“悲”的程度。“九州同”为想象中现实，末句承上句收绾题目。“无忘”，父之命子，表示郑重叮嘱。临终不言他事，只说“北定中原”，个人与国家命运紧密联系起来，表示至死都希望看到收复中原那一天。诗人坚守民族气节，爱国之志坚贞不渝。全诗铿锵有力，朴素无华，直抒胸臆，至性至情，沉痛悲壮，感人肺腑，堪称千古绝唱。钱锺书《宋诗选注》说：“这首悲壮的绝句最后一次把将断的气息又来说未完的心事和无穷的希望。”[①]一位伟大的爱国诗人含恨离开了人间。

① 钱锺书：《宋诗选注》，人民文学出版社2000年版，第215页。

第二十章 巨古男儿

爱国诗人
众体兼备
自成一家

陆游虽用力作诗，也擅长填词，他还是南宋的散文名家。陆游有多方面的艺术才能：他爱画，能作画，更喜赏玩名画；他还是位出色的书法家，博取众家之长，形成自己的独特书风。

陆游是中国文学史上至死不渝的爱国诗人。他生活在阶级矛盾、民族矛盾异常尖锐、复杂的南宋前期，宋朝半壁江山沦入金人之手。统治者屈辱求和，不思恢复，在金人占领的地区，汉族百姓生活在水深火热之中，赋税、徭役繁重，生活穷困不堪。统治者内部党争激烈，或主战，或主和，基本上是主和派占上风。面对这样的社会现实，陆游始终积极入世，时刻关注国家的前途和命运，呼吸着时代气息。陆游存世作品有《剑南诗稿》八十五卷，《渭南文集》五十卷，诗、词、文皆工，其中诗歌存世数量达九千多首。

陆游以诗歌为抗战号角，注入爱国思想，慷慨悲壮，唱出时代最强音。他的爱国诗蕴含着铁马横戈、气吞残虏的英雄气概和“一身报国有万死”(《夜泊水村》)的大无畏牺牲精神。早在青年时，他就写下《夜读兵书》：“平生万里心，执戈王前驱。战死士所有，耻复守妻孥。”去蜀东归后，他也没有消沉下去，《书悲》写道：“常恐埋山丘，不得委锋镝！”在诗中一再表示报国愿望，以战死沙场、为国立功为荣。直到晚年，老病衰弱，但意志丝毫未减，诗人仍以《老马行》发出“一闻战鼓意气生，犹能为国平燕赵”的豪言壮语。别人以从军为苦，他却以从军为乐，《独酌有怀南郑》说“从军乐事世间无”，表现出勇于胜敌的豪迈乐观精神。陆游自少至老，爱国热忱始终不渝。他是一个诗人，更是一个战士、英雄。

陆游的爱国诗并非一味斗志昂扬，而多充满壮志未酬的愤懑，带有悲壮苍凉的色调。统治者屈膝求和，尽管他有“一片丹心”，却“报国欲死无战场”（《陇头水》）。他的合理抗敌主张不被采纳，杰出的才能没有机会发挥，长期遭排挤、受压抑，冷酷的现实使他感到愤慨。《书愤》（早岁那知世事艰）是这方面的代表作，诗人时年六十二岁，罢官闲居山阴已六年，想到双鬓斑白，徒有壮志，感叹不已。

陆游积极主张抗金，收复失地，反对主和派妥协投降、苟且偷安。《追感往事》五首其五说：“诸公可叹善谋身，误国当时岂一秦？”他抨击以秦桧为首的主和派结党营私，迫害忠良，祸国殃民，《北望感怀》写道：“大事竟为朋党误，遗民空叹岁时遒。”

陆游忧国复忧民，关心同情百姓。他在任地方官期间，为百姓做了不少有益的事，如在江西任上赈济灾民。所以他能写出许多关心百姓的诗篇。

陆游诗歌表达了百姓渴望恢复、统一祖国的愿望。淳熙元年（1174）秋，陆游任蜀州通判时写下《观长安城图》：

许国虽坚鬓已斑，山南经岁望南山。

横戈上马嗟心在，穿堑环城笑虏孱。

日暮风烟传陇上，秋高刁斗落云间。

三秦父老应惆怅，不见王师出散关。

长安已被金人所占，诗人观看长安城图，感慨万分。尾联从百姓角度着笔，推测三秦百姓因宋军仍未出关复土而惆怅，日夜盼恢复，却“不见王师出散关”。南宋朝廷并无恢复之志，只图苟安享乐，诗人感到极大的悲愤，对三秦百姓的不幸遭遇寄予深切同情。清代赵翼《瓯北诗话》说陆游入蜀后的诗“言恢复者十之五六”，“出蜀以后，犹十之三四”。统计未必准确，但说明诗人不忘恢复。

陆游诗中还真实地描写了普通百姓的悲惨生活和思想感情，揭露统治者的残酷剥削和压迫。他有许多诗描写“民贫”，如《闵雨》《过邻家》等。但他更注重揭露赋税繁重的社会现实，《书叹》写道：“有司或苛取，兼并亦豪夺。”巧取豪夺的结果是，贫者愈贫，富者愈富，贫富悬殊，苦乐迥异。陆游诗中多用对比手法，通过典型的艺术概括，来揭示这种不合理的现象。如《僧庐》说：“富商豪吏多厚积，宜其弃金如瓦砾。贫民妻子半菽食，一饥转作沟中瘠。”《岁暮感怀以“余年谅无几，休日怆已迫”为韵》十首其十也说：“富豪役千奴，贫老无寸帛。”这些和杜甫名句“朱门酒肉臭，路有冻死骨”有异曲同工之妙。

除爱国诗外，陆游还写了大量以田园生活为背景的风景诗和田园诗。这些作品多为他退居时所作，表现出悠闲安逸的情趣，也不时流露出投闲置散、壮志难酬的寂寞情怀。语言、风格上，清丽、闲淡、雅逸，具有很高的审美价值。如《舍北晚眺》《雨霁出游书事》《幽居初夏》《小园》等，皆是“诗中有画”的写景佳作。风俗诗如《赛神》《赛神曲》写祭神，《闲居偶题》中描写绍兴民间饮“橄榄茶”的习俗。《小舟游近村舍舟步归》则记述了“陶真”曲艺表演艺术。陆游还写有不少咏史怀古诗、咏物诗、赠答诗、仙道诗等，其中不乏优秀之作。

陆游诗歌现实感强，情感真挚。既有高度的概括性、典型性，又有强烈的抒情意味；既有写实手法，又有浪漫色彩。其诗写个人遭遇，也是国家命运的缩影，是个人心灵史，又是时代心灵史。其诗是时代的镜子，被誉为一代“诗史”。

陆游诗歌语言多明白晓畅、自然平易、简练生动，易处见工，淡中有味。其诗意象丰富，且有个性特点和时代特色，如菊、梅、莲意象表现高洁孤傲，大量军事意象刀、剑、笳、号角、铁马等表现战争生活，抒发驰骋疆场的壮志豪情，每个意象都是一种沉淀深厚的独特审美符号和历史文化符号。赵翼指出陆游诗风凡“三变”，初境雅正，不落纤佻；中年宏肆，是又一境界；“及乎晚年，则又造平淡”，欣赏其“流丽绵密”“清圆可诵”“清奇”[①]。陆游诗风格多样，主要分两大类：一是抒发报国之志、悲愤之情的雄健悲壮、顿挫郁勃；二是描写自然景物和日常生活的丰腴清爽、自然平淡。陆游性格豪放洒脱，故其诗风格多豪迈、奔放、飘逸、清旷。

陆游诗众体兼备，古体、近体皆精，最擅长七言古体和七律。清代赵翼称赏道："放翁以律诗见长，名章俊句，层见叠出，令人应接不暇。使事必切，属对必工，无意不搜而不落纤巧，无语不新而不事涂泽，实古来诗家所未见也。"[②]在近体诗中，又以七律、七绝最精。他一生精力多注于七律，故所作最多最佳。清代舒位说："尝论七律至杜少陵而始盛且备，为一变；李义山瓣香于杜而易其面目，为一变；至宋陆放翁，专工此体，而集其成，为一变。凡三变，而他家之为是体者，不能出其范围矣。"[③]洪亮吉甚至称其为"诗家之能事毕，而七律之能事亦毕矣"[④]。潘德舆极赏陆游的七绝，尊之为"诗之

① [清]赵翼撰，江守义、李成玉校注：《瓯北诗话校注》卷六，人民文学出版社2013年版，第230—231页。

② [清]赵翼著，霍松林、胡主佑校点：《瓯北诗话》，人民文学出版社1963年版，第80页。

③ 参见[清]舒位《瓶水斋诗话》，张寅彭主编，吴忱、杨焄点校《清诗话三编》第四册，上海古籍出版社2014年版，第2324页。

④ [清]洪亮吉撰，陈迩冬校点：《北江诗话》卷二，人民文学出版社1998年版，第26页。

正声”[1]。

与唐诗的“唐音”相对，宋诗特点被称为“宋调”，为诗歌发展高峰的另一种审美范式。“宋调”多议论，深辟透彻，以筋骨思理见胜，多理趣，重典故，生活化、学问化，表现出从容、恬淡的成熟美、老境美。陆游诗在很大程度上代表“宋调”特色，元方回《瀛奎律髓》称为“放翁体”，在文学史上享有崇高声誉。

陆游诗歌渊源深厚。他视屈原为异代知音，学习其爱国精神。其田园诗表达隐逸、闲适情怀，深受陶渊明影响。他喜读王维诗，称赏岑参边塞诗“信豪伟”“多杰句”，描写从军生活之诗正与岑参边塞雄奇豪壮诗风相似。陆游诗神采飞扬、奇情壮思、奔放飘逸，颇得太白风神，他被当时周必大称誉为当代李白。陆游如杜甫忧国忧民，胸怀天下，其诗悲壮沉郁与杜诗相近。他喜白居易“香山体”，学其平易诗风。北宋诗人中，陆游对梅尧臣、欧阳修、苏轼、黄庭坚等都较尊奉，吕本中、曾几都是“江西诗派”后劲，陆游私淑吕本中，师事曾几，学其诗“活法”，他将“江西诗法”的生新瘦硬与唐宋诸名家诗融合起来，创造出新警而又质朴流畅的诗风，从“江西诗派”入，又跳出“江西诗派”。其诗从历代诗歌中汲取丰富

① [清]潘德舆撰，朱德慈辑校：《养一斋诗话》卷五，中华书局2010年版，第85页。

营养，错综诸家，博采其长，融会贯通，而自成大家。

陆游诗歌在当时和后世都产生了巨大影响。南宋后期的诗坛，可以说基本上是在陆游的影响下发展的。“江西诗派”传人如赵蕃等与陆游唱酬。“永嘉四灵”学晚唐，实用陆诗之法度，但他们刻意雕琢，计较字句声律，有破碎尖酸之病，丢掉了陆诗的真精神。戴复古、刘克庄等能继承陆游的爱国思想和诗歌的现实关怀精神，戴复古《读放翁先生剑南诗草》推许陆游道：“茶山衣钵放翁诗，南渡百年无此奇。”刘克庄诗得陆游真传，《后村诗话·前集》推尊陆游说：“记问足以贯通，力量足以驱使，才思足以发越，气魄足以陵暴。南渡而后，故当为一大宗。”[①]宋亡之际，忠义之士如文天祥、谢翱、汪元量、郑思肖、林景熙等皆受陆游爱国精神的感召，坚持民族气节，以诗歌抒发忠爱悲愤之情。林景熙《题陆放翁诗卷后》沉痛地写道：“来孙却见九州同，家祭如何告乃翁。”

由于时代、地域、文学观念、文体因革等文学内外部原因，陆游在元明两代影响不大。晚明人偶有提及陆游，也只是欣赏他的闲适诗。清代，诗学大兴，陆游又重新受到重视。清初汪琬、王士祯、厉鹗、查慎行等皆善学陆诗。清中叶，赵翼特别推重陆游，《瓯北诗话》特辟专章论述陆游，还有年谱之

---

① [宋]刘克庄撰，王秀梅点校：《后村诗话·前集》卷二，中华书局1983年版，第31页。

作。郑燮是杰出的画家，也善作诗，《板桥诗抄》自序称“七律犹多放翁习气”[①]，他的古诗《悍吏》《私刑恶》《逃荒行》《姑恶》等反映百姓疾苦，抨击礼教，继承了陆诗的优秀传统。清末民初，王国维深爱陆游诗，他在《题友人小像》中自称：“差喜平生同一癖，深宵爱诵剑南诗。”

陆游虽用力作诗，也擅长填词。他的词现存两卷，计一百四十余首。从内容上看，大致可分爱国词、恋情词、隐逸词三类。爱国词有近二十首，《水调歌头·多景楼》《秋波媚·七月十六日晚登高兴亭望长安南山》《诉衷情·当年万里觅封侯》等，抒发抗敌报国、收复失地的豪情壮志，以及英雄请缨无门、壮志难酬的悲愤之情。笔力遒劲，格调或高昂激越或慷慨悲壮，充溢着热烈奔放的感情，有震撼人心的艺术感染力。这类词豪放悲慨，可代表“放翁词风”，作品量少而质高。陆游的爱国豪放词与苏轼、辛弃疾相近，杨慎说：“雄慨处似东坡。”[②]刘克庄说：“激昂感慨者，稼轩不能过。”[③]

陆游的恋情词约有五十首。多是年轻时所作，或描写自南郑回成都后“燕饮颓放”的生活。这类词多草率浅俗、纤丽

① 王庆德注：《郑板桥诗文集注》，文化艺术出版社2014年版，第23页。
② [明]杨慎：《词品》卷五，唐圭璋编：《词话丛编》，中华书局1986年版，第513页。
③ [宋]刘克庄撰，王秀梅点校：《后村诗话·续集》卷四，中华书局1983年版，第139页。

香艳，不出艳词传统的窠臼。也有少数流丽绵密的佳作，如《采桑子·宝钗楼上妆梳晚》等。真正爱情词的杰作是《钗头凤·红酥手》，这是一首用血和泪谱写出的爱情悲歌，情真语挚，凄婉感人。

陆游的隐逸词近七十首，约占总数一半。这类词或写山水渔隐生活，或写闲居生活的逸趣，或游仙修道，或疏旷放达。大都作于罢官闲居、情绪低落时，是“隐”的产物，代表作如《乌夜啼》《渔父》《长相思》《好事近》等。风格上恬淡闲远、清真飘逸，一扫绮靡纤艳之习，开辟了陆游词的新境界。隐逸词数量多，是陆游词的重要组成部分，抒发了陆游情感的一个侧面，也有“屏除纤艳”之功。历代多被忽视，应重新评价它。

陆游的咏梅词中最有名的是《卜算子·咏梅》：

驿外断桥边，寂寞开无主。已是黄昏独自愁，更著风和雨。

无意苦争春，一任群芳妒。零落成泥碾作尘，只有香如故。

这首词托物寄意，梅花高洁孤傲的品格和精神正是词人高尚人格的写照。

陆游词学张志和、苏轼、秦观、朱敦儒等，多方面地汲取营养，形成了自己的特色。他是南宋爱国词派的先驱之一，影响了辛弃疾、刘克庄、刘辰翁等爱国词人，在词史上占有一定的地位。

陆游还是南宋的散文名家。他的散文主要取法韩愈、曾巩，并有创新发展，卓然自成一家。序、跋、记、书、传、墓志铭、笔记等各体皆精，多有佳作。与他的诗、词一样，散文中多表现对国事的关切和忧虑。一些奏、议、札子、上疏自不必说，在一些短小的题跋中也常流露出这种感情。如作于去世前的《跋傅给事帖》，回忆儿时“亲见当时士大夫相与言及国事，或裂眦嚼齿，或流涕痛哭”的情景，感情炽烈，忠愤悲壮。《书通鉴后》《书贾充传后》《静镇堂记》等，或叙先贤事迹，或议时事国情，或抒感慨忧愤，皆贯穿着爱国思想。

陆游写有不少描写闲适生活情趣的小品文，如《烟艇记》《书巢记》《居室记》《东篱记》等，文笔清雅闲逸，颇耐品读。他在《上执政书》《答刘主簿》等书中，阐述对文学的见解，是值得重视的文论。《〈长短句〉序》《跋〈金奁集〉》《跋〈花间集〉》等，则是词论名篇。《放翁自赞》四则，又为自己画像，流露出真性情。

陆游各体散文中，题跋和记最具艺术性。陆游题跋多抒情成分，以情取胜，字里行间有真情流动。尤擅于抒写悲情，或伤悼思念亲人，如所作《跋朝制要览》；或感叹故人凋零，人事沧桑，凄然感人，如《跋周益公诗卷》。有些题跋趣味盎然，情韵兼胜，极具诗情画境，如《跋程正伯所藏山谷帖》《跋刘凝之陈令举骑牛图》《跋韩晋公牛》《跋画橙》等。清史承谦十分欣赏此类题跋，《静学斋偶志》卷四说："《渭南集》题跋多佳，吾尤爱其在史馆时二跋（《跋韩晋公牛》《跋画橙》）……读之，可想见此翁胸次。"[①]

陆游记体文善于刻画人物形象，寥寥数笔，人物体态神情即栩栩如生，跃然纸上，似一幅幅人物剪影。如《云门寿圣院记》写"朴野"老僧，"老僧四五人，引水种蔬，见客不知拱揖，客无所主而去，僧亦竟不知辞谢"。

陆游还是写景高手，如《严州重修南山报恩光孝寺记》："如来大士有殿，演法会斋有堂，安众有寮，栖钟有楼，寝有室，游有亭，浴有泉。又以余力为门，为庑，为库，为垣，为磴路，为御侮力士之像。"排比描写，一气呵成，文字简洁而生动，明显受到《水经注》和柳宗元"永州八记"的影响。有的记，叙事、写景、抒情三者融为一体，如《万卷楼记》写景、叙事、议论兼工。有的记则叙事、写人、抒情、议论四者兼胜，如《青州罗汉堂记》。

陆游的《入蜀记》是日记体游记散文，凡沿途山川风景、名胜古迹、风土人情，无不排日记录。文笔轻松，萧士玮《〈南归日录〉小序》评价说："随笔所到，如空中之雨，小

---

① [清]史承谦：《静学斋偶志》卷四，清嘉庆刊本。

大萧散，出于自然。”[①]绘景如画，何宇度《益部谈资》说：“不异丹青图画，读之跃然。”[②]《入蜀记》是南宋笔记名著，对明、清游记小品影响很大。

《老学庵笔记》是陆游晚年退居山阴时所作，篇幅不大，内容却丰富，记身边琐事、地方风俗、人物趣闻，也有对时政和文学的评论。其中不乏深刻见解，可看出作者博学多识，也流露出通达超脱、机智幽默的真性情。

陆游著有《南唐书》十八卷，记载五代时南唐的历史，大约成于晚年。书中对中主李璟、后主李煜安于享乐、懦弱无能、坐失时机深感不满，对结党营私的误国奸臣冯延巳、陈觉等大加抨击，目的是为南宋统治者提供“殷鉴”。《南唐书》是优秀的历史著作，同时也是出色的历史散文；叙事条理清晰，繁简得当；议论观点鲜明，逻辑严密，又带有强烈的感情。

陆游以诗著称于世，文名被诗名所掩，故流传不广，影响不大。但明人不重陆游的诗，反推崇他的散文。祝允明《书新本〈渭南集〉后》说：“放翁文笔简健，有良史风，故为中兴大家。”[③]袁宏道也十分欣赏陆游散文，其认为陆游放笔为文，直抒胸臆；笔法灵活，而又不失法度，结构整饬明晰；用

---

① [明]萧士玮:《春浮园文集》卷上，清光绪刻本，第72页。

② [明]何宇度:《益部谈资》卷上，清钞本。

③ [宋]陆游:《渭南文集》,《四部丛刊》本，第879页。

语准确、洗练，既雅洁，又平易。

陆游有多方面的艺术才能。他爱画，能作画，更喜赏玩名画，集中有不少咏画诗。他曾以着色山水屏寄赠好友韩元吉，韩作《陆务观寄着色山水屏》七言长诗谢之。陆游还是位出色的书法家，他受家庭的熏陶，从小即喜临池学书，先后临摹过张旭、颜真卿、杨凝式、蔡襄、苏轼的书法作品，博取众家之长，形成自己的独特书风。《暇日弄笔戏书》其二自称“草书学张颠，行书学杨风。平生江湖心，聊寄笔砚中。”他擅长正、行、草三体，尤精于行草。北京故宫博物院藏行书《长夏帖》《苦寒帖》《候问帖》《拜违道义贴》《并拥寿祺帖》《怀成都十韵》是现存的精品，超迈奔放，遒劲飘逸，意致高远。陆游的大楷书也很出色，镇江焦山今存他手书的刻石，端庄雄健，顿地有力，既得汉碑之含蓄，又兼颜体之浑厚，实为古代擘窠书法中的上乘之作。陆游精于书法鉴赏，对书法理论也有独到的见解。《题醉中所作草书卷后》《草书歌》以及一些书法题跋，都可视作书论。陆游不只是书品高，人品更高，他的书法中常充溢着强烈的爱国情感，这是他胜过一般书家的地方。明代文彭《题放翁帖》说：“放翁在当时不以书名，而遒劲若此，真所谓人品既高，下笔自然不同者也。”[①]对陆游其人其书极致推崇赞赏之意。

---

① [明]汪珂玉撰：《珊瑚网·录书》卷二，商务印书馆1936年版，第159页。

陆游一生皆以爱国志士自期，但屡遭排挤贬斥，才能不得施展。但历史是公正的，他的爱国思想和爱国诗文是中华民族的优秀文化遗产，值得今人继承发扬。

梁启超在《读〈陆放翁集〉》中热情地赞道："集中什九从军乐，亘古男儿一放翁！"[①]这也是历史对陆游的公允评价。

---

① 梁启超著，汤志钧、汤仁泽编：《梁启超全集·第17集·诗文》，中国人民大学出版社2018年版，第583页。

陆游年谱简编

徽宗宣和七年乙巳（1125），一岁：

十月十七日，陆游生。字务观，号放翁，山阴（今浙江绍兴）人。父亲陆宰，有四子，陆游为第三子。

钦宗靖康元年丙午（1126），二岁：

秋，陆宰落职南归。随父从荥阳（今河南郑州）返寿春（今安徽寿县）。

高宗建炎元年丁未（1127），三岁：

北宋覆灭，高宗赵构在南京应天府（今河南商丘）即位，是为南宋。随父母寓居寿春，次年逃难返山阴。

建炎四年庚戌（1130），六岁：

约于此时，前妻唐琬一同避难山阴。父亲陆宰率全家避兵东阳（今属浙江），陆游随往，寓居东阳三年。

绍兴三年癸丑（1133），九岁：

随父母由东阳返山阴。在会稽云门山，入家塾读书。约十岁，师从乡贤韩有功和伯父陆彦远，同窗有胡杞等人。

绍兴六年丙辰（1136），十二岁：

在云门就读。以门荫补登仕郎。尝随母赴临安（今浙江杭州），谒秦鲁国大长公主。

绍兴十年庚申（1140），十六岁：

第一次赴临安参加科举考试，不第。次年十二月，秦桧等人杀害岳飞，宋、金签订“绍兴和议”。

绍兴十二年壬戌（1142），十八岁：

拜师曾几，学习作诗。

绍兴十三年癸亥（1143），十九岁：

第二次至临安应秋试，落第。

绍兴十四年甲子（1144），二十岁：

应礼部试，不第。约在此时与唐琬结婚。

绍兴十五年乙丑（1145），二十一岁：

返山阴。受知于朱敦儒。

绍兴十六年丙寅（1146），二十二岁：

约在此时与唐琬离异。

绍兴十七年丁卯（1147），二十三岁：

续娶王氏为妻。唐琬改嫁同郡宋宗室赵士程。

绍兴二十年庚午（1150），二十六岁：

与王嵎、陈山、从兄陆升之相过从。

绍兴二十三年癸酉（1153），二十九岁：

秋，赴临安应两浙转运司锁厅试，触怒秦桧。

绍兴二十四年甲戌（1154），三十岁：

参加礼部试，被黜落。返山阴，居云门。

绍兴二十六年丙子（1156），三十二岁：

四月，曾几至山阴看望陆游。曾几赴任入朝，陆游作《别曾学士》送行。

绍兴二十八年戊寅（1158），三十四岁：

被任命为福州宁德县（今属福建）主簿。途中，作《泛瑞安江风涛贴然》《平阳驿舍梅花》等。

绍兴二十九年己卯（1159），三十五岁：

在宁德主簿任上。秋，调任福州（今属福建）决曹。与辛次膺、樊光远、朱孝闻等同游福州，作《青玉案·与朱景参会北岭》《度浮桥至南台》等。

绍兴三十年庚辰（1160），三十六岁：

正月，离福州，作《东阳观酴醾》。五月，至临安，除敕令所删定官。住百官宅，与周必大、韩元吉等相过从。

绍兴三十一年辛巳（1161），三十七岁：

七月，升迁大理司直兼宗正簿。八月，给寓所命名为“烟艇”，作《烟艇记》。九月，官大理司直兼宗正簿，宋、金开战。十月，请求北征，被罢免。时曾几寄居禹迹寺僧舍，过往甚密。入冬，再被起用，入都担任枢密院编修官。十二月，作《闻武均州报已收复西京》。

绍兴三十二年壬午（1162），三十八岁：

六月，孝宗赵昚即位，第二年改元隆兴。九月，任枢密院编修官兼编类圣政所检讨官。十月，赐进士出身。作《喜小儿辈到行在》《拟上殿札子》等。

孝宗隆兴元年癸未（1163），三十九岁：

四月，张浚领兵出师北伐。五月，宋军兵败符离。陆游因不满龙大渊、曾觌植党营私，被贬镇江（今属江苏）通判，返里待阙。作《代乞分兵取山东札子》等。

隆兴二年甲申（1164），四十岁：

二月，任镇江通判。三月，张浚督师过京口，顾遇甚厚。八月，张浚逝世，送别王质时，作《送王景文》哀悼张浚。十一月，与好友韩元吉等人交游唱和，作《水调歌头·多景楼》《焦山题名》等，得唱和诗三十首，编成《京口唱和集》。十二月，宋、金和议成，史称“隆兴和议”。

乾道元年乙酉（1165），四十一岁：

七月，因力主抗战，触怒孝宗，改任隆兴府（治今江西南昌）通判。任上，遇座师陈之茂、友人李浩与韩元吉。

乾道二年丙戌（1166），四十二岁：

在隆兴通判任上。因被弹劾“交结台谏，鼓唱是非，力说张浚用兵”，罢黜归乡。在玉山（今属江西）访旧友尹穑、芮烨，作《重五同尹少稷观江中竞渡》。四月，归乡里，居山阴三山别业。有《初夏道中》《随意》等。

乾道三年丁亥（1167），四十三岁：

居三山别业。不时出游。作《游山西村》《十月苦蝇》等。

乾道六年庚寅（1170），四十六岁：

闰五月，起程前往夔州（治今重庆奉节）任通判，十月二十七日到任。按日作记，成《入蜀记》。一路也有诗纪行，如《宿枫桥》《哀郢》等。

乾道七年辛卯（1171），四十七岁：

在夔州通判任上。游瞿塘、登白帝庙，作《入瞿唐登白帝庙》《晚晴闻角有感》《初夏怀故山》等。

乾道八年壬辰（1172），四十八岁：

初春，四川宣抚使王炎召陆游为权四川宣抚使司干办公事兼检法官。三月，抵南郑任上。十一月二日，离开南郑，赴成都府任安抚司参议官。作《山南行》《南郑马上作》《剑门道中遇微雨》等。

乾道九年癸巳（1173），四十九岁：

仍在成都任上。不久，娶歌妓杨氏为妾。春间，权蜀州（治今四川崇州）通判。夏，摄知嘉州（治今四川乐山），识交隐士师浑甫。作《汉宫春·初自南郑来成都作》《醉歌》《闻虏乱有感》等。

淳熙元年甲午（1174），五十岁：

二月，离嘉州返蜀州，以通判摄州事。冬，摄知荣州（治今四川荣县）。作《寓驿舍》《长歌行》等。

淳熙二年乙未（1175），五十一岁：

正月十日，离荣州。不久，催赴成都，任成都府朝奉郎兼四川制置使司参议官。六月，范成大任成都府路安抚使权四川制置使，二人以文字交，不拘礼法。

淳熙三年丙申（1176），五十二岁：

三月，被讥弹“燕饮颓放”，遂免官。六月，得领祠禄，主管台州崇道观。九月，作《和范待制秋兴》自号“放翁”。

淳熙四年丁酉（1177），五十三岁：

在成都领祠禄。与范成大游宴。十月，得都下八月书报，差知叙州（治今四川宜宾），未上任。作《关山月》《送范舍人还朝》等。

淳熙五年戊戌（1178），五十四岁：

春，孝宗下诏，返临安。秋，抵行在，孝宗召见。八月中旬，提举福建路常平茶盐公事。十一月，抵建安（今福建建瓯）。作《楚城》等。

淳熙六年己亥（1179），五十五岁：

春夏在建安。秋，奉诏离建安任。十二月，调任提举江南西路常平茶盐公事，到抚州（今属江西）上任。作《思故山》《鹅湖夜坐书怀》《弋阳道中遇大雪》等。

淳熙七年庚子（1180），五十六岁：

在抚州任上。作《秋思》《登拟岘台》等。

淳熙八年辛丑（1181），五十七岁：

三月，除提举淮南东路常平茶盐公事。不久，被给事中赵汝愚弹劾，改领祠禄。作《小园》《九月三日泛舟湖中作》等。

淳熙九年壬寅（1182），五十八岁：

闲居山阴，长达四年。除朝奉大夫主管成都府玉局观，领祠禄。四年间，作《草书歌》《夜泊水村》《感愤》《春夜读书感怀》等。

淳熙十三年丙午（1186），六十二岁：

春，以朝请大夫权知严州（治今浙江建德）军州事。七月，到达严州任所。作《书愤》《临安春雨初霁》等。

淳熙十四年丁未（1187），六十三岁：

在严州任上。冬，刻成《剑南诗稿》二十卷。作《闻鼓角感怀》《夜登千峰榭》等。

淳熙十五年戊申（1188），六十四岁：

四月，上书乞祠归里。七月，严州任满还乡。冬，被起用为军器少监，赴临安上任。作《北望》《长相思·云千重》等。

淳熙十六年己酉（1189），六十五岁：

二月，光宗赵惇即位。七月，兼任实录院检讨官，修《高宗实录》。十一月，遭谏议大夫何澹弹劾，罢官归里。

光宗绍熙元年庚戌（1190），六十六岁：

作《谢池春·壮岁从戎》等。

绍熙二年辛亥（1191），六十七岁：

蛰居山阴，领祠禄。以“老学庵”名书斋。其间，作《禹迹寺南，有沈氏小园》《秋夜将晓，出篱门迎凉有感》《十一月四日风雨大作》《书叹》《初夏行平水道中》《舍北晚眺》《农家叹》《书愤》《暮春》《沈园》《北望感怀》等。

庆元六年庚申（1200），七十六岁：

约在此年春夏间，受韩侂胄之请，作《南园记》。作《东村》《贫甚，卖常用酒杯，作诗自戏》《十月二十八日夜，风雨大作》等。

嘉泰二年壬戌（1202），七十八岁：

五月，被诏任直华文阁兼实录院同修撰、兼同修国史，主修孝宗、光宗两朝实录及三朝史。十二月，除秘书监。

嘉泰三年癸亥（1203），七十九岁：

正月，除宝谟阁待制。四月，将《孝宗实录》五百卷、《光宗实录》一百卷上呈朝廷，以致仕乞归。五月，出都还乡。六月，辛弃疾被起用为绍兴知府兼浙东安抚使，与陆游相会。作《阅古泉记》《乍自京尘中得归故山，作五字识喜》《湖上急雨》等。

嘉泰四年甲子（1204），八十岁：

春，四子子坦出仕临安。七月，子修入闽，子聿赴临安。

作《社饮》《书事》等。

开禧元年乙丑（1205），八十一岁：

闲居山阴。作《稽山行》《山村经行因施药》等。

开禧二年丙寅（1206），八十二岁：

五月，开禧北伐。作《二月一日夜梦》《闻西师复华州》《老马行》等。

嘉定元年戊辰（1208），八十四岁：

闲居山阴。宁宗赵扩更改年号，史弥远独揽大权，声称要革除韩侂胄的弊政，史称“嘉定更化”。作《感事六言》《示子遹》等。

嘉定二年己巳（1209），八十五岁：

春，被劾落宝谟阁待制，生活困窘。入秋得疾。作《春日杂兴》《病少愈偶作》等。临终，赋《示儿》，不忘恢复。十二月二十九日除夕（公元1210年1月26日），去世。

主要参考书目

钱仲联、马亚中主编:《陆游全集校注》，浙江古籍出版社、浙江教育出版社2016年版。

[宋]陆游著，朱迎平笺校:《渭南文集笺校》，上海古籍出版社2022年版。

[宋]陆游著，蒋方校注:《入蜀记校注》，湖北人民出版社2004年版。

[宋]陆游著，夏承焘、吴熊和笺注，陶然订补:《放翁词编年笺注》，上海古籍出版社2019年版。

孔凡礼、齐治平编:《陆游资料汇编》，中华书局1962年版。

欧小牧:《陆游年谱》，人民文学出版社1981年版。

于北山:《陆游年谱》，上海古籍出版社1985年版。

朱东润:《陆游传》，人民文学出版社2007年版。

曹济平:《陆游》，江苏人民出版社1982年版。

齐治平:《陆游传论》，岳麓书社1984年版。

邱鸣皋:《陆游评传》，南京大学出版社2002年版。

邹志方:《陆游家世》，北京出版社2004年版。

邹志方:《陆游研究》，人民出版社2008年版。

高利华:《亘古男儿：陆游传》，浙江人民出版社2007年版。

高利华:《但悲不见九州同·陆游集》，河南文艺出版社2015年版。

王水照、高克勤选注:《陆游选集》，人民文学出版社1997年版。

刘扬忠注评:《陆游诗词选评》，三秦出版社2008年版。

蒋凡、白振奎编选:《陆游集》，凤凰出版社2014年版。

包伟民:《陆游的乡村世界》，社会科学文献出版社2020年版。

杨雨:《陆游传》，长江文艺出版社2020年版。

欧明俊:《陆游》，春风文艺出版社1999年版。

欧明俊:《陆游研究》，上海三联书店2007年版。

欧明俊:《陆游集》，国家图书馆出版社2022年版。